世界一ふざけた夢の叶え方

ひすいこたろう　菅野一勢　柳田厚志

HOW TO CATCH OUR DREAMS
MOST JOKINGLY IN THE WORLD.
KOTARO HISUI, ISSEI SUGANO, ATSUSHI YANAGIDA

フォレスト出版

君を理解する友人は、君を創造する――

ロマン・ロラン

ROAD 00

プロローグ
夢へワープする方法

この本は、世界最速で夢が叶う方法を記した本です。

その秘密は……NAKAMAです。

「人間が変わる方法は3つしかない。
1つは時間配分を変える、
2番目は住む場所を変える、
3番目は付き合う人を変える、
この3つの要素でしか人間は変わらない」

（出典『時間とムダの科学』プレジデント社）

HOW TO CATCH OUR DREAMS MOST JOKINGLY IN THE WORLD

これは、カリスマ・コンサルタントの大前研一さんの言葉です。

僕はこの名言をこう解釈しています。
あなたを変える方法は、あなたの「宇宙」を変えることだと。
「宇宙」を変えるとは、3つの「間」を変えることです。

時間・
空間・
仲間・

この3つの「間」こそ「宇宙」です。
そのうえで、僕はこう断言させてもらいます。

仲間が変わったら、すべてが変わる!

仲間が変わったら、生きる「基準」が変わるからです。
生きる「基準」が変わったら、人生はアッサリ変わります。

この本では、３人の男が登場します。

菅野一勢《いっせい》  ……２００４年、僕が出会った当時、ほぼプータロー。

柳田厚《あつ》**志**《し》**（通称ぼーず）**  ……出会った当時、年収３００万円のボーズ頭のサラリーマン。

そして、僕、**ひすいこたろう**  ……当時、どもりがちな赤面症の会社員。

1年後、どうなったか？

菅野一勢……プータロー↓1億円プレイヤー。
ひすいこたろう……赤面症会社員↓ベストセラー作家。
柳田厚志……ボーズ頭のサラリーマン↓髪が伸びました。
冗談です。柳田さんはその後、
↓出版社の新設部署の売上を10倍に。そして史上最年少の部長へ。

3人の凡人が出会い、しかし、1年後には大きく、その人生を変えることができたのです。

僕らは、こうありたいと願う人生にワープする方法を見つけてしまったのです。

自分の力だけで夢を叶えようとしたら、時間がたっぷりかかります。

でも、僕らはわずか1年で大きく自分を飛躍させることができたのです。

夢へワープする方法は……「共鳴」です。

志を同じくする仲間たちと盛り上がりながら、仲間たちと共鳴しながら、スパイラルに成長していく方法です。

1人で夢を叶えようとしたら、10年かかるかもしれない。

でも、仲間とともに進めば、10年を1年で行ける！

これは学校の先生から教えてもらった話ですが、暗記ものの学習は、お風呂のなかでやると、20％くらいすぐに記憶力がアップするのだそうです。

なぜそうなるのか？

血流がいいからです。

血流がいいだけで瞬時に自分の能力が20％アップするということです。

では、最高に血流を良くする方法はなんでしょう？

遊ぶことです。でも、ただ遊ぶんじゃない。
志を同じくする仲間と、ワクワクする夢をノートに書き、
その夢を分かち合い、励まし合い、刺激し合い、
そこに仲間と一緒に向かっていくんです。

それこそが、最高に楽しいお遊びです。


そのとき自分はアッサリ、変われるんです。

内側から1人で自分を変えようと思ったら、10年かかるかもしれない。

でも、志を同じくする仲間と共鳴したら、自分の響きは一瞬で変わる。

それが「共鳴」という現象です。


僕らが具体的に何をしたのか、なぜ、現実離れした夢が皆アッサリ1年後に叶ったのか、それをまとめたのがこの本です。

ちなみに、現在の僕らはどうなっているかも、ざっと書いておきましょう。


【菅野一勢】

１００億円企業を立ち上げるなど、10社の会社のオーナーとなり、シンガポールに移住し、大きなプールつきのコンドミニアムで優雅なセミリタイヤ生活を満喫中。

【柳田厚志】
湘南《しょうなん》の海まで数分で行ける1軒家に住み、毎朝、海を眺めて、波があれば仕事をせずにサーフィンに没頭するという生活。一流の人物をプロデュースし、インターネットで爆発的に広める天才。プロモーションの「陰の仕掛け人」と呼ばれ、億を超える収益を生み出す剛腕プロデューサーとしてその名をとどろかせる。

【ひすいこたろう】
ベストセラーを連発し、累計100万部突破。赤面症のまま講演依頼で全国を飛び回る。

人って、想像を絶するほど変われるんです。
しかも、わずか1年で。

僕らの心からの実感です。

「早く行きたければ1人で行きなさい。
遠くへ行きたければみんなで行きなさい」

これはネイティブ・アメリカンのことわざですが、
このことわざが嘘だと僕らはわかりました。

僕らは、このことわざをこう書き換えます。

「早く行きたければ仲間と行きなさい。
遠くへ行きたければ仲間と行きなさい」

では、僕らがたどり着いた夢の叶え方をご覧いただきましょう。

ひすいこたろう

目次

第02幕

人生はできる、できないじゃない。やるか、やらないか。

仕事、経験、マインド、そして夢への階段——

第03幕

未来は変えられる！

成長、夢実現、そして僕らのライフスタイルへ——

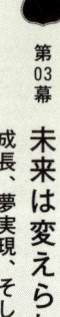

第04幕 夢はワープする！ そしてカッコいい大人へ――

第 01 幕

夢は仲間と一緒に、紙に描くと叶う！

出会い、仲間、夢、そして冒険へ――

ROAD 01

「Note come true!」夢は紙に書くと叶う！

HOW TO CATCH OUR DREAMS MOST JOKINGLY IN THE WORLD

ノートほど怖いものはない。
僕は、そう痛感しています。

菅野一勢さん、柳田厚志さん（通称ぼーず）、そして僕。定例会と称して、男同士で毎月1回、居酒屋で飲むようになって数ヵ月がたったある日のことです。

菅野さんが突然、飲んでいる席でこう言い出したのです。

「ここにノートがある。ここに1年後の今

日、こうなってたら最高だなーという夢を書き、みんなで『お前ならできる！』と励まし合おう！」

当時、まだ、まったく無名な僕らですが、菅野さんは真っ先にノートにこう書きました。

「年収1億円の男・菅野一勢です。よろしく！」

よろしくって、いや、菅野さん、ありえないから……僕は密《ひそ》かにそう思いました。

だって、ちょっと前までプータローで、いまだって、月に30万円くらいの収入の菅野さんが、インターネットビジネスで年収1億円の男になるってムリがある。

でも一応、みんなで「お前ならできる！」って励まし合うルールになっていたので、僕もそれに合わせました。

僕はノートにどう書いたかというと、

「なにげに本を出して、いきなりベストセラー」

夢は言葉だけでなく、絵も一緒に描くというルールだったので、僕の本が書店さんで山積みに置かれている絵を描きました。

とはいえ、「本を出して、いきなりベストセラー」と夢をノートに書いたものの、書いた本人さえも、まったくできる気がしないんです。

赤面症の冴《さ》えない会社員だった僕ですし、本を書くあてなんて当然皆無。何もないんです。それを、いきなりベストセラーだなんて。

ただ、お酒も入っていますし、仲間で夢を語り合ううちに、こんなことがほんとうに叶ったら、それは最高だよなってだんだんその気になってきたんです。

1人ではムリだと思えることも、仲間で盛り上がることから、自分の固定観念が外れ、なんだか、やれそうな気がしてきたんです。

そして、極めつけは、菅野さん、ぼーずが、僕の目をまじまじと見て、ひときわ大きな声で「**お前ならできる！**」と言って肩をポンポンとたたいてくれたことでした。

最初は、ちょと冷めていた僕も、彼らの励ましに、夢に向かって、ほんとうに挑戦してみたいという思いが湧き上がってきたのです。

ぼーずは、海の見える家で家族と幸せに暮らして、サーフィン三昧《ざんまい》でがっつり稼ぐ的な夢を描いていました。

この日は、小学生の夢のように、それこそ夢みたいなことばかりをみんなでノートに書いたんです。

まさか、それが、ほんとうにすべて叶うとは、夢にも思いませんでした。

菅野さんは、ほんとうに年収1億円を達成し、いまや100億円企業を立ち上げるなど、8社の会社のオーナーとなり、シンガポールに移住。

僕は僕で、夢をノートに書いた1年後、『3秒でハッピーになる名言セラピー』(ディスカヴァー・トゥエンティワン)という本を世に出していただけることになり、出版

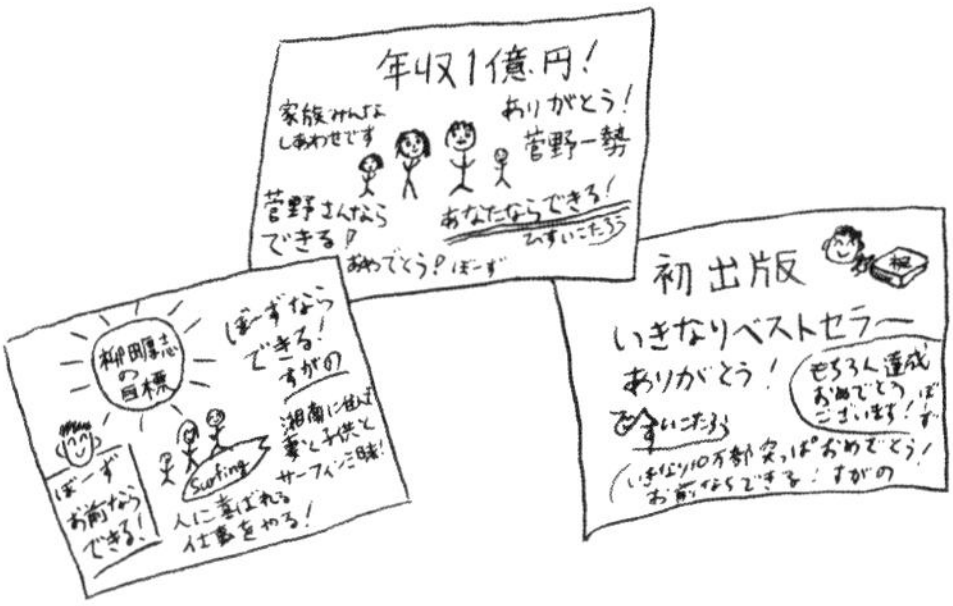

社にも恵まれて、いきなりベストセラー。ノートに書いた夢が叶ってしまったのです。

　ぼーずは1年後に出版社の新設部署の売上を10倍の3億円に引き上げ、そして史上最年少の部長に就任。そして、サーフィン三昧のライフスタイルで、がっつり稼ぐという、ノートに書いた夢は、その3年後に叶いました。

　先日、ぼーずは、家族を連れて1ヵ月間オーストラリアに滞在してサーフィン三昧の日々を過ごしていましたが、まさに理想のライフスタイルを手に入れたんです。

これで、夢に描いた、アホみたいな現実味のない僕らの夢が100%叶ってしまったんです。

ノートほど怖いものはない。

ノートに書くとなぜいいのか？

ノートに書くということは、あなたの夢が明確になった証《あかし》です。

夢は、頭のなかにあるだけではまだボヤーっとしてるんです。しかし、紙に書いたとたんに明確になります。言葉にするとは明確にするということだからです。

紙に向かって書くというのは、夢をこの宇宙に明確に宣言するということなのです。夢はウキウキした気持ちで明確にすると、俄然《がぜん》、叶いやすくなります。

そして、「お前ならできる！」と応援してくれる仲間の存在、これがノートに魂を吹き込んでくれるんです。

夢をシェアしたあとも、その後も僕らは定例会と称して、月に1回、定期的に居酒屋で飲むようになりました。

これで、いつの間にか、自然に助け合う関係になっていったんです。

「ネットはオレが詳しいから教えてあげるよ」とか、「じゃあ、オレは文章をアドバイスしようか？」とか、「それに詳しい〇〇さんを紹介するよ」「こうするといいんじゃない？」とか、落ち込んでるときは、菅野さんが下ネタで励ましてくれたり（笑）。

お互いができることをシェアし、長所を提供し合うようになりました。


でも、それよりも、それよりも、それよりも、もっと大きかったのは、

「あいつらもがんばってるから、オレもがんばろう！」

って気持ちになれたこと。それが何よりのギフトだったように思います。

仲間の存在によって、自分のハートに火が灯《とも》る。

自分のハートに火が灯ったら、「不可能」の「不」は吹っ飛びます。

時間、空間、仲間……これこそが宇宙です。

この3つの「間」を生かすと、夢はワープするんです。

同じ志を持つ仲間と一緒に、
同じ時間を共有し、
同じ空間で盛り上がりながら、
どう生きたいのかを明確にし、夢を絵にする。
そして、その仲間たちと定期的に会い、ワクワク夢の実現に向けて助け合う。
すると、その夢はワープするんです。

夢は仲間と一緒に、紙に書くと叶うんです。

「1人で見る夢は夢でしかない。しかし、誰かと見る夢は現実だ」（オノ・ヨーコ）

ちなみに、夢を描いたこの日、菅野さんはかなりご機嫌になり、酔いがヒートアップして、その勢いで、ついには、隣で飲んでいる知らないオジサンたちの肩をポンポンたたいて、

「お前ならできる！」

とからみ出しました。

僕らはひやひやしましたが、でも、いまになって思います。あのとき、菅野さんが「お前ならできる！」とからんだ、隣で飲んでいたオジサンの夢も叶ったのではないかと……。

だって、あの日、仲間で語り合った夢は全員、叶ったんですから。

POINT!

夢は仲間と一緒に、ウキウキしながら紙に書くと叶う！

ROAD 02

ライバルこそ夢の特効薬

HOW TO CATCH OUR DREAMS MOST JOKINGLY IN THE WORLD

仲間と一緒に盛り上がりながら、夢をノートに書き合うと叶う。
もちろん叶わない夢もあるでしょうけど、叶いやすくなるのは間違いのないところです。

いま僕は、シンガポールに移住して楽しくやっていますが、この夢も、「来年こそは家族でシンガポールに移住する！」と書いたものを、仲間たちに励ましてもらったことが力になりました。

ひすいさんには、「菅野さん、シンガポール生活おめでとう！　菅野さんなら有言実行すると思ってた！」ってコメントをもらい、ぼーずにも、「菅野さん、おめでとう！　シンガポール、遊びに行きますねー！」ってコメントをもらいました。

僕は宣言どおりシンガポールに移住して、ぼーずも宣言どおりシンガポールに遊びに来てくれました。

思考は現実化するっていうけど、これほんとうです。

信じられないかもしれないけど、それぞれの目標にコメントを書き合うことを始めてから、僕らの夢はすべて叶っています。

いろんな要素がかみ合って夢は実現していると思うんですが、やはり夢を書いて、みんなで共有して、たまに近況報告して励まし合う！　これってものすごく効果的だと思います。

あなたもぜひ切磋琢磨《せっさたくま》できるライバルを探して、同じことをやってみてください。

さて、そんなこんなで２００４年から始まった僕らいつものメンバーの月イチ定例会も、１年が過ぎ、当初の夢が叶い、気がつけばみんな忙しくなり、なかなか日程が

合わずに、数ヵ月に一度と回数が減っていきました。

ぼーずはフォレスト出版で、コンテンツ作成チーム内でトップの人間になって、自社で作成したＤＶＤ等を年間数億円も販売するまでに至り、ひすいさんは、処女作の『３秒でハッピーになる名言セラピー』が大ヒット、単作品で40万部の売上を誇るベストセラーになりました。

夢をノートに書いてから1年後。

その頃になると、お互い会うたびに成長している姿を見て、切磋琢磨して、お互いがんばれるという、いい循環に入った感じでした。

僕なんか、彼らのなかでいつも一番でいたい気持ちが強くて、月イチ定例会で売上を自慢するためにがんばっていたようなものです。

それと、ネットビジネスの友達のつながりもできて、別の集まりにもちょこちょこ顔を出すようになりました。やはり、そういうライバルが集まる場所に行くと、負けたくないっていう気持ちが湧いて、ほんと、がんばれます。

「ライバルに負けたくない！　ぼーずにもひすいさんにも負けないぞ！」

という気持ちが僕のなかにあって、現状で満足することなく上を見てやっていました。その結果が、確実にいまにつながっています。

さて、ノートに夢を書き、1年が過ぎた頃からは、忙しくて月イチ定例会ができなくなった僕らですが、どんなに忙しくなっても、年末だけは毎年きっちり集まって一緒に忘年会をしていました。

これは僕らの決まりごとでもあったのですが、必ず忘年会で、画用紙に来年の目標を言葉と絵にしていました。

それぞれが書いた目標に、各人の紙に「お前ならできる！」と励ましのコメントを入れていくのです。

僕の場合は、書いた目標を玄関に飾っていました。壁にぶち当たったときとかに、

ここに書いてある、「菅野さんなら余裕でできる！」などの彼らの励ましのコメントを心の支えにがんばることができたのです。

精神的につらいときも、「僕だけでなく、あいつらもがんばってるんだろうなー。よし！　オレも負けてられん、落ち込んでいる場合じゃない！」って。

仲間と一緒に、夢をノートに書き合い、その仲間と定期的に会って励まし合う。

僕らが夢を叶えた方法はそれです。

本を1人で何冊も読むよりも、いろんなセミナーに行くよりも、よほど効果が出ること間違いなしです。僕ら3人の人生がまさにそれを証明しています。

タイトルにあるように、世界一ふざけている夢の叶え方であるかどうかは大いに疑問ですが（笑）、世界一楽しい夢の叶え方であるのは間違いないです。

とはいえ、もちろん、僕らは、ただたんにノートに夢を書いただけではないんです。1人ひとり、どんな思いで、具体的に何をしてきたのか、自伝的な要素をふまえながら、3人の人生をこれから語っていこうと思います。

POINT!

あいつにだけは負けたくないというライバルを持つこと。
それこそが、最高の潜在能力開発法。

Commented by 菅野

ただの赤面症だったひすいさんが、いきなりベストセラー作家になったときは、あ然としましたね！
正直、負けられねぇ〜！　とマジでやる気に火がついた瞬間でした。
ただ何よりも、あ然としたのは、ぼーずが茶髪ソフトモヒカンになって登場した瞬間ですけどね（笑）。

ROAD 03

人生の宝物はドン底に落ちている！

HOW TO CATCH OUR DREAMS MOST JOKINGLY IN THE WORLD

僕は、これまで3万ページを超える文章を書いています。
現在30冊の本を書いているので、それだけで6000ページ。そのほかにも、雑誌の連載や、メールマガジンでエッセイを2000本以上書いていますので、ゆうに3万ページは超えています。

そんなに書いているわけですから、「小さい頃から書くのが好きだったんですよね」って、よく言われるんですが、そうじゃないんです。

子どもの頃は、書くのが大嫌いでした。

小学校の作文では、いかに早く「。」（句点）を打って、改行して文字数を稼ぐか、それぱかりに情熱を注いでいたくらいです。

では、そんな僕がどうして物書きになったかというと……。

かつて僕は、ひどい赤面症で、人見知り。彼女もずっとできないような暗い性格でした。学校の授業中に先生に当てられると、真っ赤になり、しどろもどろになっていた僕。

高校時代、同じクラスで3年間ずっと好きな子もいたのですが、3年間で僕が彼女と交わした会話は、机から落とした消しゴムを彼女が拾ってくれたときに、どもりながら伝えた「あ、あ、ありがとう」のひと言だけです。

大学に入ってからもずっとそんな感じでした。

サークルに入った初日、周りになじめず、隅でポツンとしていたら、先輩がやって来ていきなりこう叱《しか》られました。

「お前、何、さっきから怒ってんだよ！」

「怒っていません。ただ、暗いだけです……」

それが僕の返答でした。

こんなサークルにいられるわけがない。僕は3日でやめました。新潟から東京に出てきて八王子でひとり暮らし。家に帰っても誰もいませんし、友達もできずで、あまりに寂しくなり、旅に出たんです。

とはいえ、電車で数駅先の山梨県へ。旅ともいえないような旅ですが、そのとき寄った小さな湖のほとりで、孤独に耐えきれなくて、泣いてしまったことを覚えています。

その日、ノートにこう書きました。

「このままでは死にたくない」

国語の教科書に載っていた尾崎放哉《ほうさい》の名句、「咳《せき》をしても一人」って、このことかって思った覚えがあります。

そんな僕が社会人になります。仕事は、ひょんなことから営業に配属されてしまいました。営業は一番やりたくない仕事でした。

だから、営業に行っても売れない、売れない、売れない。一番ひどかったときは、どもりながらも一生懸命話す僕の説明を前に、コックリ、コックリ、お客さんがなんとスリーピング。寝始めたのです。もう、ショックでした。

うとうとと寝てしまったお客さんを前に、説明を中断していいのか、続けたほうがいいのか。そんなことに迷っている自分に、

「オレはいま、宇宙で一番小さいことに悩んでいる」

と、落ち込みました。もう、絶対、オレ、営業ムリ！！！！

その日、僕は、社会人としてやっていく自信を完璧《かんぺき》に失いました。

でも、人生の宝物って、ドン底に落ちていたりするんです。

僕の場合もそうでした。僕は通販会社に商品を提案しに行く営業マンだったのですが、よく考えてみたら、毎日営業に行く通販会社は、カタログの誌面を通してモノを売っているわけで、お客さんと会わずに商品を売っていることに気づいたのです。


そうか！

お客さんと直接会わなくたって、売る方法はあるんだ!!


僕が毎日営業に行っている会社こそ、会わずに売るプロフェッショナルたちじゃないか。彼らから、広告の作り方を学べばいいんじゃないかと気づいたのです。

それで、営業先で売り方を教わる日々が始まったのですが、驚いたのは、通販カタログの売れるページというのは、1ページで3000万円とか、4000万円とかの売上を普通にたたき出すという事実でした。

A4、1枚の文字量で、3000万円とか売るんです。だったら僕も、書いて伝える道を見いだせばいいじゃないかと思ったんです。

（会って売ろうと思うと、お客さんが寝ちゃいますしね……）

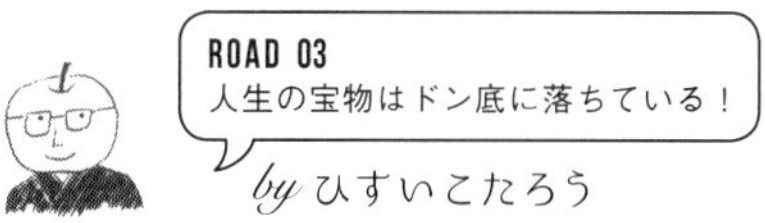
ROAD 03
人生の宝物はドン底に落ちている！
by ひすいこたろう

営業に行くたびに、一番売れたページを聞き出し、ストックし、それをひたすら書き写して独学で書き方を学んでいきました。写経するかのように毎日書いていたので、いまだに僕の右手の中指にはうっすらそのときのペンだこが残っています。

なんで辞めずにそこまでがんばれたのか。辞めてもほかに行くところがないっていうのもありましたけど、なにより、僕のようなダメ男をすぐに採用してくれた社長が僕は大好きだったんです。社長が喜んでくれるような社員になりたかったんです。

そして、来る日も来る日も書き写すことで、「伝える」ってこういうことかと次第にわかるようになってきたのです。

そして、毎週1回、これまで会ったお客さんに手書きでＦＡＸ広告を始めました。すると、ポツポツと電話がかかってくるようになったんです。でも、この頃はまだほんとポツポツ。

転機になったのは、『通販生活』という通販誌を書き写していたときです。

ふと、「この雑誌はおかしい！」って気づいたんです。

この通販誌は、誌面の半分が、売り込みページではないんです。1ページでも多く売り込みたいにもかかわらず、そうはしていない。読者さんたちのネコのかわいい表情を集めた特集ページとか、通販と関係ないページが多かったんです。

僕はこのとき、「そうか！　売り込む前に、お客さんとしっかり関係を作ることが大事なんだ。商品を売り込む前に、自分の姿勢を伝えて、自分のファンになってもらうことが大事なんだ」と気づきました。

「何」を売るかの前に、
「誰」が、どんな「思い」で売っているか、
そこが問われるんだと。

そこからはただ、広告を作るのではなく、お客さんに、読んでよかったって思ってもらえる「ひすいコラム」を必ず一緒に広告につけるようにしたんです。

当時はまだ書く力がありませんから、読んでおもしろかった雑誌や本を抜粋して縮小コピーして、僕が感動した部分にアンダーラインを引いていました。

たとえば木村拓哉のインタビュー記事で、キムタクが「手を抜くほうが疲れる」と言っていた箇所に、「ここ感動！」とか書いていたんです。

で、コラムの下に、売りたい商品の広告を作って、通販会社に週に１回定期的にＦＡＸし始めたんです。当時、まだメールはなかったですからね。

ちょっと話はそれますけど、僕とぼーずで表参道を歩いてるとき、前からキムタクが歩いてきたときがありました。

ぼーずが、「おっ、キムタク！」と先に気づいたんですが、すれ違うときに、僕は、「あのとき、名言をＦＡＸに使わせてもらったよ。ありがとう」とキムタクに伝えました。

しかし、キムタクはまさかの無視でした。

それもそのはず。僕は、心のなかで伝えただけなので、はい（笑）。あのときはありがとうございました。

さて本題に戻ります。

コラムを書いて、僕のキャラクターがお客さんにも伝わり始めた頃から、反応がガラッと変わってきました。電話がよくかかるようになってきて、「いやー。君は熱心だね〜。君が最初に来たときは、なんだかしどろもどろで何を言ってるかよくわからなかったけど、今度は、君から買おうと思って聞くから、もう一度来ないか？」とか言っていただいけるようになり、それで行くと、ほんとうに買ってくれて。そうこうしているうちに書いて伝えることが楽しくなってきたのです。

こうしてＦＡＸ通信を始めて１年後には、なんと、トップ営業マンになることができたんです。

トップ営業マンです。えへん、えへん（笑）。

実は、トップになったことは、ほかの本でも書いたことがあって、講演でもここを話すと毎回拍手をいただくんですが、いつも僕はここで、ある事実を１つ隠していた

んです。それがなんとなくモヤモヤしていたので、今回、真実を初公開しますね。

トップ営業マンになれたのは事実なんですが、その会社の営業マンは3名だったんですね。

つまり、3名のなかでトップです！　しかも僕を含めて3名です。

それが何か問題でも（笑）？

でも、この頃、ようやく会社に行くのが楽しくなってきました。


で、いまはというと、書くことが大好きです。

「明日から、自由にお金を使っていいから好きなことしていいよ」って、もし言われたら、僕はずっと家にこもりたいんです。で、部屋で本を書いていたい。それくらい書くのが好きなんです。

部屋で書いていると、小学生の子どもが、「とうちゃん遊んでくれよ」って来ます。でも、僕は「ちょっと待ってな。ここ書き終えたら、行くからな」と言って平気で5

時間くらいたっちゃうので、いつも子どもは寝ちゃってるんですね。

ここだけの話、子どもと遊ぶよりも、書いていたい、それくらい好きなんです。

それほど、いま、本を書くことが好きなのに、もともとは、文章を書くことは好きでもないし、得意でもなんでもなかったところが人生おもしろいですよね？


芸人の萩本欽一さんがこう言っています。


「したくない仕事しかこないんです。でも、運は、そこにしかない」

（出典『智慧の実のことば　ほぼ日刊イトイ新聞語録』糸井重里／ぴあ）


これ、ほんとうだなって思いましたね。

ご縁があったもの、僕の場合は、それは営業という仕事でしたが、たとえそれがやりたくないことだったとしても、そこに一生懸命向き合うと、好きになれるんですよね。

ご縁があったもののなかで葛藤《かっとう》すると、自分のなかで、武器ができるんです。

武器ができると、どうなると思いますか？

その武器を必要としてくれる仲間が現れるんです！

そこからは夢は加速度的に叶います。

人生を好きなようにクリエイトできるようになるんです。

ちなみに、欽ちゃんはこの言葉をこう解説されています。

欽ちゃんが独立したとき、所属事務所には「司会の仕事はぜんぶことわってください」と頼んでおいたのだそうです。司会の仕事は自分には向いてない、やりたくないと思っていたようです。しかし、蓋《ふた》を開けてみると、司会の仕事しかこない。

そして、やってみた結果は、司会の仕事で大ブレイク。そのときに、自分がやりたいことよりも、人があいつにこういうことをやらせたいというものにこそ運があると感じたのだそうです。

どこかに、自分の可能性の扉を開く特別なドアがあるんじゃないんです。
そんな扉は探さなくていい。
なぜなら、どこにでもあるから。
そして、ホンキでやっていれば、周りの人が、あなたが行くべき場所にちゃんと連れて行ってくれるものです。

POINT!

ホンキで望むとき、いま、目の前の環境が運命の扉になる。

Commented by 菅野

10年前から比べると本を書くたびに文章力はメキメキ上達してきて、
自称、天才コピーライターもそれとなく板についてきたよね！
でも、あんだけ全国廻って講演会やってるのに、
一向にしゃべりだけは上手くなる気配がないよね（笑）。

ROAD 04

「ツイてる人」とは、ツイてると言っている人である

HOW TO CATCH OUR DREAMS MOST JOKINGLY IN THE WORLD

赤面症はいまだ変わらずですけど、書いて伝えることができるようになって、だいぶ僕は性格が変わりました。

「明るくなったんです！」と、言ったら、菅野さんから、

「えー!! まだ十分、暗いよ」ってつっ込まれましたが、よけいなお世話です（笑）。これでもだいぶ変わったんです。

ちゃんと彼女もできて結婚もしましたしね。でも、菅野さんと出会うことになる2004年、当時の僕の悩みは、妻との関係でした。

結婚当初はもちろんラブラブだったんですが、結婚から、7年、8年とたつにつれて、こんなにも価値観が違う相手だったんだと愕然《がくぜん》として、こんなことなら離婚したた

いって思うようになっていた時期だったんです。

たとえば、人生において大切なのは、知らないことを知ることだと僕は思っていました。でも妻は違うんです。

新しいことを知ることにさほど関心があるようには見えない。新しいレストランにも旅行にも行きたがらない。その代わりに周りをきれいにしておくことが好きなのです。しかし、顔を洗うたびに洗面所が水浸しになってしまう僕は、10年近く、妻に叱られていました。どんなに気をつけても、どうしても顔を洗うと水浸しになってしまうのです。

「また洗面所を水浸しにして！」と、その日も朝から僕は叱られていました。

しかし、この日、僕はキレてしまったのです。

「人生で、そんなに洗面所は大事なのか！！！！！！！」と。

するとと妻はこう叫びました。

「洗面所は大事に決まってるじゃない!!」

ちょうど、その頃なんです。斎藤一人《ひとり》さんの本を読んで、ある1行に衝撃を受けたのは。それは、

「ツイてる人とは、ツイてると言っている人である」

という1行です。

えええええええええええええええええええええ……。

「ツイてる」って口癖にするとツイてくるだなんて、そんなカンタンなことだった

のって衝撃だったんです。ならばさっそく、実験してみようって。

1993年以来、毎年、全国高額納税者番付で、総合10位以内にただ1人連続ランクインし続けている納税額日本一の男がそう断言してるんです。これは素直に試してみる価値はあるでしょ？


さっそく、僕は家で「ツイてる」「ツイてる」と言い始めました。すると、妻が不信に感じたらしく「あんた、何言ってるの？」と。

「いやね、斎藤一人さんという日本一の大富豪が本に書いてたんだけど、『ツイてる』って言うと、ほんとうにツイてくるらしいんだよ」

そう伝えると、僕を見る妻の表情が一瞬止まったんです。

「あんた、それ、マジで信じてるの？

なわけないじゃない！　私はあんたが『ツイてる』って言った数だけ『ツイてない』って言うことにする！」

と、言うんです。で、家のなかで、かみさんが「ツイてない」「ツイてない」と言

ROAD 04
「ツイてる人」とは、ツイてると言っている人である
by ひすいこたろう

い始めたんです。

これはマズいことになったと、僕は家ではいっさい、「ツイてる」っていうのを自分に禁じました。

はい。ツイてる禁止令です！

このときも、もう離婚したいって思いましたね（笑）。

そんなときに雑誌で、ある記事を読みました。その記事のタイトルはこうでした。

「吉本風心理学!?　心理学が爆笑の渦《うず》！」

体験講座に行ってみると、ほんとうに爆笑の渦で、おなかをかかえて笑いました。

その先生こそ、日本メンタルヘルス協会の衛藤信之先生でした。

さっそく講座に申し込み、その初日の懇親会でのことです。

僕の右隣には白いきれいなシャツをバリッと着こなして、実にさわやかな男性が座っていました。のちに『こころのエンジンに火をつける魔法の質問』（サンマーク出版）で大ブレイクすることになる質問家マツダミヒロさんでした。

やっぱり、心理学を学びに来るような人って、どこか品があって、違うよなって思っていたら……少し遅れて、僕の前に、短パンに野球帽をかぶった男性が座ったんです。

こっちの男性は、まるで品なし！　気持ちいいくらい品なし（笑）！　夏休みに網を持って、カブトムシを採りに行ったその帰りといった風情で、隣のマツダミヒロさんとはまったく別のタイプでした。

そのチャラい男性こそ、ISSEI SUGANO。はい、菅野一勢さん、その人でした。

僕は、基本、根暗な男です。一方、菅野さんはチャラさ満載。僕とは本来、縁のない感じなんです。当初、遠い世界の人だなーと思っていたんですが、話しているうちに、すごい共通点を見つけてしまったんです。

彼は決定的なことを、次の瞬間言ったんです。

「僕は、斎藤一人さんのファンで、お風呂のなかで、
『ツイてる』『ツイてる』って、いま言ってるんスよ」

このときです。

ROAD 04
「ツイてる人」とは、ツイてると言っている人である

by ひすいこたろう

「彼こそ、ソウルメイト（魂の親友）だ！」

って思いましたね。

先ほど書いたとおり、僕は妻の関係で、家庭で「ツイてる」とは言えなくなる、「ツイてる禁止令」が発動された諸事情から、お風呂のなかで妻に聞こえないように「ツイてる」「ツイてる」と小声で言っていたからです。

目の前に座った野球帽をかぶった彼も、妻の尻に敷かれ、仕方なく、お風呂で隠れて「ツイてる！」と連呼している。

「隠れキリシタン」ならぬ、「隠れツイてる」

が、僕以外にもいたとは！！！！

彼とは親友（戦友）になれそうだ！

本来、人見知りな僕ですが、一瞬にして、２人の間にあったベルリンの壁が崩れ落ちた瞬間でした。

ちなみに、あとでわかったんですが、彼は別に妻の尻に敷かれていたわけではなく、ただたんに、お風呂のなかでも「ツイてる」と言っていたということでした。

それを知ったときはガックリでしたけどね。


彼は、出会った当時は、まだそんなに儲けていたわけではなく、どう見ても、フリーターのような雰囲気でしたが、その後、インターネットでのビジネスで急激に成果を出し始めるのです。

僕は彼を見ていて、こう思いました。

（あれ？　彼でもできるの？）

（マジで？　じゃあ、オレもなんかやってみようかな）


本のなかで、どれだけすごい人の体験を読んでも、どこか遠い出来事、他人事《ひとごと》だったりしますよね。その人は特別だよって。

でも、友達が、いざ結果を出し始めると、「あれ？」って思うんです。「あいつができたの？」って。ならば、自分も何かできるんじゃないかって心底思えてくるんで

ROAD 04
「ツイてる人」とは、ツイてると言っている人である
by ひすいこたろう

す。

心底思えるかどうかが人生の鍵を握ります。

ムリと思ったら、可能性は０％です。
でも、できる（かも）と思えたら、可能性は１％になります。
実は、この差は天と地ほどに違うのです。
かたや可能性は「ゼロ」。かたや可能性は「１％」。
可能性が「ない」と「ある」、これは天と地の違いです。

どれだけ学んでも、自分とは別世界の話だと思っているかぎり、変われないんです。
でも、自分と地続きの話だと思えたらアッサリ変われます。

友達は、地続きなんです。

だから、友達の変化を自分の変化にできるんです。

POINT!

「できる！」と思ったことはできる！
「できる！」と思えないときは、
まずは、「できるかも！」と思えばいい。

Commented by 菅野

僕らのすべての始まりは「ツイてる」でしたね！
でも、知り合ってすぐの頃に、特注で作ってひすいさんへプレゼントした「ツイてる」って刺繍《ししゅう》が大きく入ったキャップ。一度もかぶってないよね（笑）。

ROAD 04
「ツイてる人」とは、ツイてると言っている人である

by ひすいこたろう

ROAD 05

共鳴現象で、夢へワープする！

そして菅野さんの次に出会えたのが、柳田厚志さんです。

作家の本田健さんの出版記念パーティに出席したときのことです。
こういうパーティの席では、僕は多くの人と知り合おうなんて思っていません。
もともと人見知りなんでそれはムリです。
でも、こんな人になりたいなって思える人と、１人出会えれば１２０点満点です。

その日、周りを見わたして、パッと目に飛び込んできた人がいました。
ひときわ、存在感が光っている人がいたんです。
身長１８０センチ以上で、しかも、スーツにボーズ頭ですから目立つんです。

でも、それだけじゃない。笑顔がものすごく光ってたんです。笑顔が光ってる人が友達にいたらいいじゃないですか、やっぱり。仲間のなかに1人、笑顔が最高のやつがいたら、その場の空気が一瞬で変わりますからね。

笑顔こそ最高の才能です。

このパーティでは彼と知り合いになれたら、120点満点だなと思って彼に話しかけました。

はい。その彼こそ柳田厚志さんです。

彼はいつもボーズ頭なので、僕らは彼を「ぼーず」と愛情を込めて呼んでいますので、この本でも引き続き、「ぼーず」で通させてもらいます。

本田健さんはプロフィールに写真が載っていないので、本田健さんのイベントに初めて参加する方は、最初は、誰が本田さんかわからない状況でした。

僕は本田さんを知っていましたが、わざと、ぼーずにこう声をかけたのです。

「あの〜。その、あふれんばかりに発するオーラからして、間違いなく、本田健さんですよね？」

ぼーずは爆笑してくれました。つかみはオッケーです。

とはいえ、僕は根が人見知りなので、初対面の相手に1対1で長々と話すのにはムリがあります。15分がマックスです。12分を過ぎたら、早くもクライマックスです。

でも、僕には秘策があったのです。

菅野さんです。

「インターネットで、おもしろい仕事をしている友達がいて、絶対気が合うと思うから、今度一緒に会いませんか？」

人見知りでも、相手をホームグランドに誘ってしまえば、次第に仲良くなれます。

こうして、菅野さんと僕、ぼーず、そして、もう1人、のちに菅野さんの片腕となる小島宏之さんこと、コジくん、この男たち4人で「地下室」と名付けた居酒屋で、月に1回飲むようになったのです。

定例会と称して、毎月1回必ず会い、現状を語り、夢を語り、ときには菅野さんが120分下ネタをノンストップで語り、お店から出入り禁止にされたりと（悲しいかな実話〈笑〉）、いろいろありながらも、お互いを刺激し合う関係が育っていくことになります。

そして冒頭でも説明したように、この仲間でノートに夢を書き、お互いに励まし合ってきたのです。

ちなみに、コジくんの夢も叶っています。彼は当時、文房具の会社の営業マンだっ

たんですが、人前で講師をするようになるという夢を書いて即座に実現。しかもいまや、菅野さんの片腕として菅野さんを支え、ハワイ、フィリピン、香港、シンガポール、マレーシアと世界を股《また》にかけてビジネスをしています。菅野さんがセミリタイヤできたのは、このコジくんの活躍が大きいといっても過言ではないでしょう。

4人すべての夢がアッサリ叶ってしまったこの定例会。

何が良かったかというと、

思いを同じくする仲間たちと同じ空気を毎月1回吸ったことでした。

同じ時間、同じ空間を共有することが、いかに人を変えていくか、実感しました。

小学校の理科の授業でやったU字形の「音叉《おんさ》」の実験を思い出してください。

音叉というものは同じ周波数同士が共鳴して響き合います。たとえば、片方の528Hzの音叉をたたくと、離れているほうの528Hzの音叉も響き始めます。また、片方の音叉をたたき、振動が弱まってきた頃に、隣の音叉をたたくと、音が共鳴し合って、弱まっていた音叉の振幅が再び大きくなります。

この現象を「共鳴振動」と言います。

これが人間にも完全に当てはまるのです。志を同じくする気の合う仲間は、同じ周波数を発することになります。すると、たとえば、その月、僕が元気はなくても、誰か1人がいい響きを放っていたら、みんながその響きに共鳴し、**増幅**するんです。

1人の響きが、みんなの響きになるんです。仲間とは、「お前はすごいけど、オレはダメ」。そんなふうに比べ合って落ち込むんじゃなくて、楽しく響き合えばいいんです。「競争」を超えた「共創」です。

こうして、仲間の勢いが自分に転写され、スパイラル的にみんなが成長していく渦に引き込まれていきました。

これぞ、世界で一番簡単な自分を変える方法でしょう。

POINT!

基準の高い仲間を持つと、共鳴して、自分の基準もアッサリ上がる。

ROAD 06

伝説の地下室での出会い

HOW TO CATCH OUR DREAMS MOST JOKINGLY IN THE WORLD

本田健さんのセミナーで、ひすいさんとの笑撃的な出会いから数日後。
ひすいさんから連絡がありました。

「柳田さん、先日話したおもしろい人を紹介したいから、飲みませんか？」

この1本のメールこそが、僕らの運命を決めるのです。

ひすいさんから、「場所は任せた！」と指令を受けて、了解しましたとばかりに僕が選んだのは、のちにみんなが「伝説の地下室」と呼ぶ場所。

僕が属していたフォレスト出版は東京の飯田橋にあり、飯田橋といえば芸者さんや

ROAD 06
伝説の地下室での出会い
by 柳田厚志

石畳の通り沿いに、美味《おい》しいお店が点在する、粋な大人の街である神楽坂もすぐ目と鼻の先。

だからこそ、僕に白羽の矢が立ったのですが、僕が選んだ伝説の地下室は、知る人ぞ知る、隠れた名店かと思いきや、まさに地下1階にあるだけのお店で……。もちろん、神楽坂にしかない主人のこだわりたっぷりの粋なお店と思いきや、思いっきり普通の大衆的な焼き鳥チェーンでした。

まあ、お金のなかった僕らは、たんに僕の職場に近いという理由だけで、普通の地下にある居酒屋に集まりました。

でも、ほんとうにいま振り返っても運命としか言えないのですが、この地下室での出会いこそが、世界一ふざけた方法で夢を叶え続けた最初の出会いの場となったのです。

ひすいさんと僕が先に来て待っていると、ついにその人は現れました。

菅野さんの第一印象は、噂《うわさ》とまったく違わない、チャラい兄ちゃん。

なぜ、ひすいさんが僕らを引き合わせたかったのかはわかりません。でも、唯一わかったのは、出会った瞬間に、菅野さんとは、

「友達になりたいとは思わなかった」ことです。

書き間違いではありません。あっ、この人とはそんなに仲良くならないだろうなと思ったんです。

人は見た目が９割と言いますが、まさに言い得て妙。

菅野さん、完全にチャラい。

僕も、サーファーなので、かなり緩いカッコではありますが、何か違うチャラい感じがして、「う～ん」という感じです。

でも、彼の話がやたらとおもしろい。しかもなぜか馬が合う。そして、菅野さんのチャラさの裏には、実はすごい純粋さがあることに気がつきました。

そして共通点は、斎藤一人さん！

みんな斎藤一人さんをスーパーリスペクトしていました。２００４年当時、一人さんは、数冊の本を出してはいましたが、まだまだ一部のファンが買っているだけの状況でした。ひすいさん、菅野さんも、シャワーを浴びながら「ツイてる。ツイてる」と連呼していたと言いますが、僕は僕で、一人さんの本についていた「ツイてるシール」を玄関に貼っていました。あとでわかったのは、菅野さんもひすいさんも貼っていたんですね。

僕らは、いいと言われたことは、素直にまずやってみるところは共通していたわけです。

さて、そんな一人さんの会話で盛り上がったのが初めての出会いですが、当時の3人の状況を客観的に表すと、こんな感じでした。

菅野一勢――

・自営業という名のフリーター
・昔探偵時代に培《つちか》った経験をもとに浮気調査マニュアルをネットで販売
・月収は不安定。月に0～50万。でも夢は大きく年収1億円！

ひすいこたろう——

・小さな通販会社のコピーライター
・本を出してみたいと願う
・赤面症の会社員

柳田厚志——

・出版社の新設部署の新人ぺーぺー
・「3年で辞めます」と無謀に宣言して仕事に燃えるが、ぺーぺーすぎて会社の雑用ばかり
・年収300万円（前職から半分近くダウン）

まあ、こんなどこにでもいる普通の若者3人が出会っただけです。唯一の共通点は、斎藤一人さんが好きなこと。そして、

ピッカピカの夢を持っていたこと。

そして、その夢の実現を信じきっていたことです。

つまり、３人とも普通にアホ……。

居酒屋で酒がまわってくると、自然と各人が今後どうしていきたいか、そんな話になりました。

菅野さんが口火を切ります。

「オレさ、インターネットでの販売が調子いいんだ。

月に30万くらい売れてるから、これを50万円、１００万、２００万にしたい。

それで、情報を販売するという稼ぎ方自体を多くの人に伝えたいんだ。

つまり、情報販売のカリスマになる!!」

当時はまだ、ネットで情報を販売することはまったく知られていませんでした。だからみんな、半信半疑どころか、「ほんとうにそんなことが可能なの？」という感じ。

しかも、情報販売のカリスマって……この目の前の人が……ムリでしょ～……と思うのが普通の感覚です。でも、菅野さんはこのあと、誰も予想しなかったほんとうに奇跡的なブレイクを果たすのです。

次に、ひすいさんが言いました。

「オレさ……」

「うんうん」

「あの……」

「う、うん」

「え~と、何かね……」

「早く言って!!!!」

「……オレ、本を書きたいんだ。こんなふうに考えると、心がスカーンと晴れわた

るって、感じの本で、幸せな人の考え方を伝える本」
（っていうか、ひすいさん自身がスカーンとしてないでしょ。ムリでしょ！）↑僕の心の声。

「そうなんだ。いま何か書いてるの？」
「いや……。全然」

誰も何も言いませんでしたが、あきらかに僕らは、完全にムリでは……と、そのときは思いました。しかし、実はこの人こそ、天才コピーライターとして、脅威のブレイクを果たすとは、当時、誰も思っていませんでした。

最後に、僕は言いました。

「僕の夢は、日本とオーストラリアで半々の生活をしながら、目の前が海という最高のロケーションに住んで、大好きなサーフィンを毎日やること。
しかも、サーフィンのために生活を犠牲にするのはイヤだから、いわゆるセミリタイヤ的なお金に困らない状態になって、それを実現します！」

え？　お金もがっつり稼ぎ、プライベートはサーフィン三昧？　そんな都合のいい人生ムリでしょ……。

みんなの顔にはあきらかにそう書いてありました。

「大好きなことをして稼ぎたいんです」と若者がよく言うセリフ。でも僕は本気でその夢を実現すべく前進していこうって思っていたんです。

これが、地下室での、僕たちの最初の出会いだったと記憶しています。

このあと定例会と称して毎月会うなかで、何度目かのときにノートに夢を書くのです。そんななかで僕らは次第に打ち解け合い、お互いの夢を心から応援していける仲になれたのです。

あとから振り返ると、ここからみんなの人生に奇跡が舞い降りるとは夢にも思いませんでした。

おそらくあなたも日々、いろんな出会いやチャンスに出会っています。その出会い

は一見、全然チャンスのように見えないものかもしれません。

しかし、奇跡の始まりは、そのすごさに気づかないほどに些細《ささい》なものなのです。


きっと神様は、そんな些細な感じで出会いを演出してくれる。

同じ周波数を持つもの同士を引き合わせてくれるのです。

見た目でも、職業でも、お金でも、才能でもありません。

共鳴するのはその思い、志です。

自分の可能性にめいっぱい挑戦したいっていう志があるかどうか。最初に問われるのはそこなんです。

思いがあるかどうか。

あとは全部あとからついてきます。

初めに思いありきです。

POINT!

最初に問われるのは才能ではない。志だ。

Commented by 菅野

『菅野さんの販売している『浮気調査マニュアル』の話、聞いてます。ずっと、胡散《うさん》臭いなと思ってたんですよね！』って、ぼーずに笑顔でひと言目に言われたとき、オレもこいつとは友達になりたくないと思ったわ（笑）。

ROAD 07

一生お金に困らない金運神社

HOW TO CATCH OUR DREAMS MOST JOKINGLY IN THE WORLD

「あるコンサルタントからの情報で、日本に2つだけ、ものすごい金運がつく神社があるらしい。そこにお参りに行くと一生お金に困らなくなるという伝説があり、しかも、その1つは富士山にあるらしい……」

2004年、ある日の月イチ定例会で、いつものメンバーで集まって飲んでいたとき、突然、ひすいさんが、この金運神社の話を切り出してきたのです。

一生お金に困らなくなる神社があるなら、当然行ってみたい。僕らは「行こう行こう！」とその場で金運神社行きを決定し、その都市伝説のような金運の話に妄想を膨《ふく》らませました。

しかし、すぐに問題勃発《ぼっぱつ》です。

なんと、ひすいさん、ここまで盛り上げておいて、

場所がわからないと言うのです。

それ、ありえないから……。

ネットで検索しても1件も引っかかってこないし手がかりもつかめません。
ひすいさんは、そのコンサルタントの講演をした会社の知り合いに問い合わせてくれて数日後、1通のメールが入りました。
「菅野さん、金運神社の場所を教えてもらったのですが、情報がたったこれだけなんです……。『富士山の麓《ふもと》にある〝中の茶屋〟を目指し、滝沢林道に入り数十分登ったところに神社があります。冬は凍結していて入れない可能性も。とにかく気をつけてください』」と。

オイオイオイ……こんな情報だけで、たどり着けるのかよ!?

不安になりながらも、とりあえず行ってみようと週末集まることになったのです。

週末の土曜日、午前10時。僕の愛車で富士山までいざドライブの始まりです！

「金運神社、たどり着けるといいね」

「ほんと、このわずかな情報でたどり着いたら、それこそ奇跡だよね」

「もしたどり着いたら、何を願おうかー。いやーワクワクするねー」

なーんて、宝探しの旅のような感覚でした。

道路も空《す》いていて、予定どおり2時間後には目的地だった「中の茶屋」に到着。まずは腹ごしらえをするために、茶屋へ入店。なかなか雰囲気があっていいお店です。

入ってみると、芸能人の写真がけっこう貼ってあって、本格的なおそば屋さんだということがわかりました。そこでは、そばと味噌でんがくを注文。これがまた美味しくて、なかなかのヒットです。

そして、会計の際に店員さんに、「この先の滝沢林道を登って行くと、有名な金運神社があるんですよね？　何分くらいで着きますか？」と尋ねてみたところ、なんと、予想外の返答が返ってきたのです。

「えっ、この山の上に神社？　そんなの見たことも聞いたこともないですね……」

オイオイ、マジかよ……。

もう目と鼻の先のはずでしょ？　それを店員が知らないのはどう考えてもおかしい。

やっぱり、都市伝説で、そんな金運神社はないのでは？

なんてだまされた気持ちになっているときに、店主らしき人が横から割って入って来て、

「そういえば、1年前くらいにも、『この上に金運神社があるか？』ってお客さんに聞かれたことがあったな……」なんて言い始めたのです。

まるでドラゴンクエストのような展開に、一同大盛り上がりです。

ひすいさんは、**「間違いない。その人こそ絶対に**

斎藤一人さんだ！」なんて勝手に言い出して……。

はたしてこの先に幻の金運神社はあるのか？

真実はいかに!?

まさに冒険って感じで、僕らの気持ちは一気にヒートアップです。

滝沢林道に入ると、一気に道が狭くなり、車が1台すれ違うのにギリギリの峠《とうげ》道。対向車がいきなり出てきたら、それこそクラッシュです。神社を見逃さないように慎重にゆっくりと車を走らせて行きました。

しかし、走れど走れど、神社なんか一向に見当たりません。走ること30分、完全に峠を登り切って下りになってしまいました。さすがに、これ以上はないということで、泣く泣く帰るはめに……。

「あっ、なんか看板みたいなのがあった！」

帰路について10分が経過した頃、突然、ひすいさんが叫びました。

あまりにも小さすぎる立て看板が葉っぱに覆われていたため、行きは完全に見逃していたのでしょう。

すぐに車を下りて、看板の文字を確認してみると、「新屋山神社入口」と書かれています。どうやら、看板のすぐ横にある、けもの道のようなところを進んでいかなければならないようです。

車を路上に止めて、山道を歩き、山のなかへと入っていくと……。少し先に小さな鳥居が見えてきました！

「あった、あった、ここだ！」

伝説の金運神社はたしかに山奥に存在したのです。

なんて言うのか、まず、場の空気に圧倒されました。なんでこんな山奥に神社があるのってくらい奥地にある。まったく霊感のない僕でも空気の感じが

違うのが一発でわかります。

小さな鳥居の横に立て札があり、そこにはこのようなことが書かれていました。

要約すると、「この神社の神様はどんな願い事も成就させる反面、荒神様でもあり、神様に対し無礼なことをする者には天罰が下る」と。

この看板を見たとき、正直ビビりました。普通、神社にはこんな怖いことは書いてないですからね。

まあ、いろいろありましたが、いよいよ、心に秘めていた夢を達成できるように、お願いをすることに。

1人ひとり順番にお参りしたのですが……何が長いって、ひすいさんのお祈りが長い長い。神様の前で、3分以上も手を合わせているのです。どんだけお願いしてんだか……。

そして、参拝を無事に終え、帰路につこうとしたときに事件が起きたのです。

ひすいさんがせっかくなので神社の前で写真を撮ろうと、1人ひとり鳥居の前に立って記念写真を撮っていったのですが、急にシャッターが下りなくなったと言うのです。

何度か試みましたが、やっぱりダメ。でも、ほかのところに向かってシャッターを切るとやはり正常に作動するのです。

まるで心霊現象です。急にひすいさんの顔色が曇ってきました。

「もしかしたら、これ、神様が怒ってるんじゃない？　写真なんか撮ろうとしたから……」

心配性のひすいさんは、写真を撮った行為が荒神様の逆鱗《げきりん》に触れたと思い込んでいて、「帰りの下り道で事故にあったりしたらいけないから、菅野さん、慎重にね、慎重に」という言葉を連発していました。

いま思うと、あれはひすいさんの場を盛り上げるための迫真の名演技だったのでは？　と、かなり疑っています。

（イヤ、ほんとうだったんです　byひすい）

このとき3人は、金運神社でいったい何を祈願したのでしょう？

私、菅野は、

「1億円プレイヤーになる！」

と宣言しました。当時はネットビジネスで少し稼ぎ始めた程度の実績だったので、1億円なんてまさに夢のまた夢の数字でしたけど。

ひすいさんは、

「ベストセラー作家になる！」

と祈願。3分以上も拝んでいたので欲張って、繰り返しお願いしていたんでしょうね。きっと。

そして、ぼーずは、

「好きなときにサーフィンができる生活スタイルで、さらにがっつりお金持ちにな

る！」と宣言。当時は、出版社に入社したばかりの新米ぺーぺーですから、
「現実を知らない小学生か!?」
って感じです。

実は、このとき、「こうなりたい、いや、なるんだ」と宣言した夢は、あれよあれよという間に全員現実になったのです。

この日、神社へ行ったから夢が叶ったのか、そのあたりは僕らにはわかりません。でも、1つだけ、この神社へ行く前と行ったあとであきらかに変わったことがあるのです。

それは一気に親しくなれたことです。

大人になるとなかなか腹を割った親友ってできにくくなりますが、冒険をともにしたことで、僕らの距離がグッと縮まったのです。

そんなこともあり、毎月定例会と称して会うようになったのですが、その頃から流れが驚くほど変わりました。

ひょっとしたら、僕らの絆《きずな》こそがパワースポットになり、夢実現のスピードが加速したのかもしれません。

そういう意味では、夢を語り合う仲間と一緒に冒険の旅に出るのは、絆を深めるうえで、とても効果的だと思います。また僕らの定例会のように、定期的に一緒に食事をすることもすごくいいんです。

「カンパニー（会社）」の語源は、中世イタリア語の「カンパーニャ（campania）」からきています。「cam（カン）」は「共にする」、「pania（パーニャ）」は「パン」の意味で、つまり、会社の語源は、「一緒にパンを食べる」こと。日本語で言うところの「同じ釜《かま》の飯（メシ）を食う」という意味になります。

「人」が仲「良」くなると書いて「食」という字になりますし、一緒に食べることは、絆を深めるうえでとても大切なことなのです。

POINT!

冒険が仲間との絆を深める。
この絆こそ宇宙最大のパワースポットだ。

第 02 幕

人生はできる、できないじゃない。
やるか、やらないか。

仕事、経験、マインド、そして夢への階段——

ROAD 08

最初は100点より3点がいい

HOW TO CATCH OUR DREAMS MOST JOKINGLY IN THE WORLD

ここで、一度、僕らがやった夢の叶え方をまとめましょう。

1．まず、冒険の旅に出て絆を深める（僕らの場合は金運神社へ）。
2．その仲間と一緒にノートに夢を書き、「お前ならできる！」と励まし合う。
3．定期的に会い、進捗《しんちょく》状況を話し合いながら刺激し合い、助け合う。

では、この過程で、僕の夢であった「本を出していきなりベストセラー」が、どのように叶っていったか、具体的に記してみます。

まずは、なんといっても、チャラ男、菅野一勢さんの勢いが刺激になりました。「いやー。今月売上50万円超えちゃったよ」「今月は100万円超えちゃったよ」と、会うたびに月の売上が飛躍的に伸びていき、頼む焼き鳥の本数が見るからに増えていくのです。

「マジかよっ、この男!?　ほんとに夢を叶えちゃうよ、このチャラさで！」って思いましたね（笑）。

でも、このとき、菅野さんができるなら、僕たちにもできないわけがないって、ぼーずと僕の心に火がついたんです。

あれもできないし、これもできないし、経験もないし、才能だってあるとも思えない。

夢が叶わない理由を数え上げればきりがない。

でも、心に火がつけば、夢が叶う理由が１つ生まれます。

そのたった１つの理由さえあれば、革命は起こせます。

最初の１年は、僕らは毎月１回定例会と称して、必ず会っていました。で、会えば、その月、仲間の誰かが何かしら新しい一歩を踏み出しています。そしてそれがみんなの刺激になったのです。

ROAD 08
最初は１００点より３点がいい
by ひすいこたろう

1人の一歩が、みんなの起爆剤になる！

それこそが、志を同じくする仲間で夢を語り合う良さです。

1人の勢いが仲間みんなの勢いにつながるんです。

ハンカチをテーブルにおいて右端をつかんで上に上げてみてください。右端が上がれば左端も自然に上がります。それと一緒です。僕らは、志という絆でつながっているからです。

ロウソクは1本、火が灯っていればいいんです。

その火は何千本のロウソクに火を分かち合えるからです。僕らの場合は、菅野さんが、最初の1本のロウソクになってくれました。

ちなみにこの話をすると、いつも菅野さんは、「え？　よく聞こえなかったので、もう1回言って」と言います（笑）。

当時、僕は漠然と本を出したいとは思っていたけど、じゃあ何を書けばいいのか、どう書いていいのか、まったく見えなかったんです。でも、活躍を始める菅野さんを見ていて、僕もただ会社員として働いてるだけじゃなくて、何か自己表現をしたいって、この頃から強く思い始めるようになったのです。

そんなある日のこと。

仕事で、広告と一緒に書いていた「ひすいコラム」をブログでも書いてみたらどうだろうって、ひらめいたのです。でも、僕はインターネットにまったく疎《うと》い男だったので、どう立ち上げていいかチンプンカンプンです。

すると、菅野さんが声をかけてくれて、「わかんないなら、うちに泊まりに来ればいいんじゃん。教えてあげるよ」と声をかけてくれました。ありがとう！！！　うれしくて涙が出そうになりました。持つべきはチャラい友です（笑）。

それで、菅野さんの家に泊まりに行ったわけですが、

「ブログかー。オレもよくわかんないんだ

ROAD 08
最初は１００点より３点がいい
by ひすいこたろう

よなー。ちょっと見てみたけどダメだったよ」

「おい！」

と菅野さんは言うわけです。満面の笑みで。

このときばかりは、さすがに、そうつっ込みたくなりましたね（笑）。

菅野さんは、自分ができないところはすべて友人や奥さんに頼んでいたのです。だから、菅野さん自身はネットに疎く、当時、ようやくメールができるようになったばかりで、ブログもホームページも作れなかったんです。それでもインターネットで稼ぐことができる。

自分の強みを生かすことだけ考えればいいんだって教えてもらった気がしました。

この頃から、菅野さんは他力本願の道をひたすら走っていました。

結局、僕のブログ開設は、菅野さんの家で、のちに菅野さんの右腕となるコジくんから教わりました。やっぱり、持つべきは良き仲間です。

僕ができないところは、仲間に頼み、僕ができることは仲間に貢献する。インターネット関係には僕は疎かったので教えてもらい、その分、文章を書くのは得意だったので、応援できるところはそこで力になりました。

そうやって支え合いながら、夢に向かっていきました。僕らは、みんなで夢を分かち合った仲ですから、お互いの行きたい目的地を知っていましたからね。

「ひすいさん、本出したいんでしょ？　だったらブログとかメルマガで、もう書いちゃえばいい。すると見ている人から徐々に反応があるから、それを受けて試行錯誤して自分のスタイルを築いていけばいいんスよ。実際にやってみて反応を受けてスタイルを作っていく。絶対、頭だけで考えない。それが５分後にできちゃうのが、いまのネットなんスよ」

菅野さんのこの言葉が僕の人生を変えてくれましたね。

（え？　いまのよく聞こえなかったんだけどby菅野）

僕らは最初から１００点満点を目指しがちです。

ROAD 08
最初は１００点より３点がいい
by ひすいこたろう

でも、最初は3点でもいいんです。いや、むしろ3点のほうがいい。

だって、最初の点数が低いほど、点数が上がっていく喜びが伴いますからね。


こんな会話も覚えています。

「菅野さん、メールもできない状態で、よくインターネットで商売しようなんて思ったよね」

「ひすいさん、人生はできる、できないじゃないんスよ」

「じゃあ、なんなの？」


「やるか、やらないかです！」

「カッコつけやがって、このやろう！」（笑）

ほんとうに大切なことを教えてくれたのは、仲間だった、そんな気がします。


もう1つ忘れられないことがあります。

菅野さんの会社で、「ゴールド会員」なるものを募集していた頃があったんですが、あるとき、菅野さんは「金を英語でなんて言うの？」ってスタッフに聞いていたんです。ゴールドの意味を知らずに使っていたんですね。

菅野さんって、そんなのしょっちゅうですから、ほんと抜けてるよな、って思っていたのですが、そんな僕も、実は、「名言」っていう言葉すら読めなかったんです。『3秒でハッピーになる名言セラピー』なんて本を書きながら、僕はメイゴンセラピーって読んでいたんです。

作者がそう言うから、これは特別に「名言」（メイゲン）を「メイゴン」と読ませるんだって、みんな思っていたみたいで誰からも指摘されなかったんです。

それを最初に指摘してくれたのが菅野さんでした。

「ひすいさん、それ、メイゲンって読むんじゃない？」

「えっ!?　マジで？　これメイゲンって読むの？」

バカでしょ？

なんだかあなたも、やれそうな気がしてきたでしょ？

そう。人生ってシンプルなんです。

ROAD 08
最初は１００点より３点がいい

by ひすいこたろう

「やれる」って思ったら、自分のなかにある、「やれる力」と出会うんです。
いのちって、自分でもビックリするくらいの可能性が詰まっている。
僕らは誰よりもダメだった自分をよく知っています。
でも、それでも、変われるんです。
名言って字が読めなくても、ゴールドの意味がわからなくても！

POINT!

**「お前にできないことは俺がやる！
俺にできないことはお前がやれ！」サンジ**

出典『ONE PIECE』尾田栄一郎（集英社）

Commented by 菅野

このパート見てると完全に僕が、ベストセラー作家、ひすいこたろうのきっかけを作った男ですね。
もし自分が逆の立場なら、間違いなく印税の一部をあげてるなー！（笑）

ROAD 09

1800×LOVE＝天才

HOW TO CATCH OUR DREAMS MOST JOKINGLY IN THE WORLD

こうして仲間の力を借りて２００４年８月９日に立ち上げたブログが、「人生を３秒で変える名言セラピー」でした。

僕は人生の前半戦において、とても暗く、人見知りで、寂しい人生を送ってきたので、どういうものの考えをすれば心晴れやかに生きられるのだろうかということをずっと追いかけてきました。そのなかで出会った、自分を変えてくれた名言を紹介していこうとブログを立ち上げたんです。

そして毎日１話ずつ書いていたら、数ヵ月したあたりで、ファンメールが届きました。

「ひすいさん、毎日読んでます。楽しみに

してます」

このメールこそ、僕の人生を変えてくれた名言になりました。

僕は、ファンメールを、もらえるような人生を歩んできていなかったので、このメールで完全にスイッチが入っちゃったんです。

この人が喜んでくれるものを毎日書こうと。

ファンメールをもらった直後にすぐに図書館に行って20冊本を借りてきて、「この人が喜んでくれそうな情報よ、目に飛び込んでこい!!」と願いながら、本をひたすらめくっていく速読を始めたんです。

速読なんか習ったわけじゃないので、ただページをめくるだけ。そしてパッと目がいくところだけを読むんですが、すると、いい言葉やエピソードにドンドン出会えるようになったんです。そして、毎週20冊の本に目を通すような生活が始まりました。

もう、そこからはネタに困ることはなくなりました。

困るどころか、みんなを笑顔にする名言やエピソードを探すのが楽しくて仕方がなくなったんです。

人間だけが持っている本能ってあるそうなんです。

「食欲」「性欲」「睡眠欲」は動物も持っています。

でも、**「喜ばれたら、うれしい」**というのは人間だけが持っている本能なのだとか。

たしかに、喜ばれたらうれしくて、僕はヒートアップしていきました。


ちなみに、世界的ミュージシャンのビリー・ジョエルが来日して、テレビに出演したとき、アナウンサーが、「日本にもあなたのように世界的なミュージシャンを目指してがんばってる若者がたくさんいます。その人たちに向けて、何かアドバイスをいただけないでしょうか?」と聞いたそうです。

ビリー・ジョエルの答えはこうでした。


「もし君が安いバーでピアノを演奏していたとして、お客さんが5人しかいなかったとしよう。でも君のやるべきは、そのうちのたった1人でもいいから、君のファンに

することだ。もしそれができたなら、君の前に5万人いたら、1万人のファンがいることと同じだ」と。


そうなんです。たった1人、自分のファンを作ればいいんです。

喜ばれたとき、人はホンキのスイッチが入りますから。

僕も、1人のファンができたときに、やる気のスイッチが入り、「努力の世界」から抜け出すことができたんです。


努力すれば、100キロ先には行けます。

でも200キロ先には、よほど努力し続けないと、たどり着けない。

だって、努力ってがんばっているからです。

でも、誰かを喜ばそうとスイッチが入ると、努力じゃなくなるんです。

がんばるんじゃないんです。
楽しいから、やっちゃうんです。

うれしいから、やっちゃうんです。
そうなったら、もはや結果が出ないほうが不自然。イヤでも成果が伴ってきます。

1人のファンが5000人になるのは、そこからあっという間でした。
僕のブログやメールマガジンを菅野さん、ぼーずはじめ、仲間が紹介し始めてくれたからです。

ちょうどその頃、ドイツの文豪ゲーテが、1人の女性、シャルロッテさんに惚《ほ》れて、1800通のラブレターを書いたことを知りました。その事実を知ったとき、僕は天才になる方程式が見えた気がしたんです。

天才の公式はこうです！

「1800」×「LOVE」＝「天才！」

ROAD 09
1800 × LOVE ＝天才
by ひすいこたろう

ゲーテは愛をこめて１８００通もラブレターを書いたから天才になったのではないかと。

そこで誓ったのです。僕もラブレターを１８００通書こうと。

読者の心が明るく晴れわたるような話を１８００通、何が何でも書いてみようと。

目標は打倒ゲーテ！　ラブレターの数で、ゲーテ越えです！

それから１８００通を目標に、ブログ、メールマガジンを毎日更新し、読んでくれる人へのラブレターを書くように書きました。すると、その過程で文章がドンドンうまくなり、毎日ファンメールが届くようになりました。

そして、そのタイミングで、運命の日がやってきました……。

どうやら運命は準備が整うと、向こうからやってきてくれるようです。

いつも行く近所の書店で、昨日まではなかった大きなコーナーができていたんです。
「なんだろう、この特設コーナーは？」と思い、その棚の一番いいところに置いてあった本を手に取ってみました。
なんの本だろうと思ってパラパラめくると……

「え!?」

どこをめくっても**白紙**なんです。

白紙の本が、なんでこんないいところに置いてあるんだろうと思って、値段を見たら1000円もするんです！
こんな白紙の本を1000円で買う人なんかいるんだろうかと思って、棚に戻そうとしたときに、本の帯が目に入りました。その3秒後、僕は、この本を手に持ってレジへ向かっていました。

「ここにあなたの思いを記そう。それがあなたの本として、出版されるかもしれません」

帯にそう書いてあったのです。出版社が原稿を募集する本だったのです。


ここでつながりました。

僕は菅野さんとぼーずと夢を書いたんだったたって。

本を出すという夢。それに挑戦するのはいまだと。

それで応募したんです。結果、最終予選の6作品に選ばれました。最後は、インターネットでの一般投票です。

僕はそこでぶっちぎりの1位を取れました。

だって、本を出す夢を知ってくれていた仲間たちがいたからです。この仲間たちが、一斉に応援してくれたのです。

そして、僕はデビュー作を世に出すことができたのです。

そのデビュー作の締め切り間際の日も忘れられません。

たまたまぼーずと夜、食事をしていました。彼は僕と同じく、お酒は好きでも弱くて、すぐに酔っぱらってしまうのですが、その日も酔っぱらって、いきなり、しみじみこう言ったんです。

「今日っていう日はさ、昨日亡くなった人が、なんとしてでも生きたかった1日なん

だよな」

えええええええええええええええ！！！！！！

いま、なんて言ったの!?

めっちゃいいこと言わなかった？　って。

で、聞き返してあわててメモって、僕のデビュー作の最後の言葉にさせてもらったんです。

翌日、電話して聞いてみました。

「あの言葉、感動したんだけど、誰かの名言？」って。

ぼーずの返答はこうでした。

「えっ!?　そんないい言葉、オレ、言いましたっけ？」

酔っぱらって覚えてなかったんです。

調べたら、韓国の『カシコギ』（趙昌仁／サンマーク出版）という小説の一節、

「あなたが空《むな》しく生きた今日は　昨日死んでいった者が、あれほど生きたいと願った明日」という言葉を、彼は、うろ覚えで酔っぱらって言ったセリフだったんですね。

POINT!

たった1人でいい。自分のファンができた日、世界は反転する！

ROAD 10

3年で辞めます。だから働かせてください

HOW TO CATCH OUR DREAMS MOST JOKINGLY IN THE WORLD

僕が、この本の版元でもあるフォレスト出版に入ったのは、2003年の8月。神田昌典さんの書籍がブレイクし、フォレスト出版が、「小さな総合出版社」と揶《や》揄《ゆ》されていた時代から、明確にジャンルを絞り、中小企業のマーケティングや経営の分野にシフトし始めた時期です。

僕は前職で「2年間だけ働きます」と無謀《むぼう》な宣言をし、2年間トップセールスで爆走し、ほんとうに2年で辞めました。

何も僕がすごい才能や実力があったからではありません。ほんとうにごくごく普通です。

いや、むしろ上京したての若造で、入社直前に一度、「やっぱり辞めます」と逃げようとした、意気地なしです。

いろんな言い訳をしていましたが、愛媛県から出てきて、初めての大都会。友達も

知り合いもゼロのなか、ほんとうに自分にできるのだろうかと不安だったのです。

結局、社長に説得されて、僕はかなり後ろ向きな気持ちで働くことに決めました。


でも、人生はほんとうに不思議です。


結果的に、その職場で、現在のあげまんの妻に出会い、僕の快進撃は始まります。

正直、僕は就職活動をいっさいしなかったので、営業のノウハウも、ビジネスの常識も社会人の常識も何もありませんでした。

ただ、僕にはほかの人とは明確に違う夢だけがありました。目標がありました。それが、大学卒業後に、単身渡ったオーストラリアで出会ったサーフィンがある素敵な毎日。

そこには、ほんとうに毎日最高の波でサーフィンをしながら、夫婦で好きな仕事をして、ゆったりと暮らす人々が大勢いました。いろいろな職業や肩書きを持っていても、海のなかではみんなピース。

素晴らしい笑顔で、波を分け合って日が暮れていく。

そんな1年間の生活は、僕の20年の人生を根底から変えるインパクトを持っていました。

ROAD 10
3年で辞めます。だから働かせてください

by 柳田厚志

衝撃を受けました。

こんな生き方をしたい！

そう心の底から思いました。そのときから、僕が密かに胸に誓ったことが……、

〝毎日サーフィンしながら自由に働く〟

というものです。でも、僕はサーフィンだけして、仕事は何でも良いとはけっして思いませんでした。

僕がオーストラリアで働かせてもらったオーナー夫妻は、世界中の若者に雇用の機会を与えてくれました。地元のオーストラリア人は、仕事がいくらでもあるだろうと、どんなに懇願されても採用せず、イギリス人や日本人やカナダ人など旅行者を雇って

くれました。

本人たちはゆったりと余裕を持って人生を楽しみ、ときどきホステルを見に来るような、優雅な生き方でした。

サーフィンと仕事がともに共存している生き方であり、ライフスタイルでした。

はっきり言えば、毎日好きなときにサーフィンをしながら、やりがいのある仕事でしっかりと社会にも貢献しながら、お金もしっかり稼ぐという生き方です。


完全に欲張りすぎです。


突き詰めれば、その生き方を実現するには、どこかの時点で、「自分でビジネスをする＝起業」にいき着きます。

だから、最初の会社でも2年間だけ働くと宣言し、今回のフォレスト出版は、起業前の最後の仕事だと思っていました。

それを堂々と伝えて、「3年だけ働かせてください」と言いきりました。

普通はそんなこと言うやつはいませんし、僕も経営者だったら、そんな辞めていくのがわかっていて、ノウハウだけ盗まれる可能性がある人を採用しません。

ROAD 10
3年で辞めます。だから働かせてください
by 柳田厚志

でも、さすがフォレスト出版は違いました。

「おもしろい。採用!」

それが太田社長の懐《ふところ》の深さです。

そもそも、フォレスト出版は編集者の、しかも経験者を募集していました。しかし僕はドシロウトです。それまでにもフォレスト出版の本で勉強していたので、こんな本を出す会社なら起業にも持ってこいだし、おもしろそうだということで、まったく未経験者なのに、**超笑顔の写真**と熱い想いを書いて履歴書を出したのです。

そして、「こいつはおもしろい」と、面接をしてくれたのです。

面接では驚愕《きょうがく》しました。

社長と専務が面接してくださったのですが、始まって5分くらいでいきなり、「もういいだろ」と言って、2人ともタバコに火をつけたのです。

面接で5分後にタバコですよ……。

出版界ってスゲーなって意味不明に思いました。

まあそんなこんなで、採用する側も破天荒なら、される僕も破天荒ということで、お互いに波長が合ったんでしょう。

ほんとうに社長、専務の懐の深さにはいまでもものすごく感謝しています。

だからこそ、僕はほんとうに自由に仕事させてもらいましたし、そんな社長と専務に応えようと、精いっぱいフォレストの業績アップに貢献しました。


本当はこのときも、結果が出せるか不安で不安で仕方がなかったのです。

でも前職で、なぜか2年間トップセールスマンだった根拠のない自信と、将来の大きすぎる夢だけが僕を支えていました。


そんなこんなで入社した僕が自分に課していたこと。それは……。

誰よりも早く出社し、誰よりも遅く帰るこ

と。

なぜならば、一番年下のペーペーが、鳴り物入りで「3年だけ働かせてください」と来たわけです。認めてもらうには、まずは仕事で結果をと言いたいところですが、いきなり新人にそんな仕事が回ってくるわけもなく、まずは会社の雑用ばっかりなわけです。

でも、だからこそ、まずは長時間労働です。

凡人にできるのは、誰よりも働くこと。

僕が前の会社でトップセールスを2年続けた秘訣もそこです。つまり、誰よりも数多くのお客さんに会ったからです。

「量は質に転化する」というのは真実で、けっして質は量に転化はしません。

だから、まずは、誰よりも早く会社に行き、最後まで仕事をすることを自分に課しました。

窓開け、ゴミ捨て、ＦＡＸの仕分け、電話取り等、僕は率先してやりました。

そのおかげで、みんなの信頼をすぐに勝ち取ることができたのです。

実はこれは、僕が入社そうそう、ランチェスター経営の竹田陽一先生から言われた教えでもあります。あこがれの竹田先生にお会いしてこう言われました。

「柳田ちゃん、出版社は朝が遅いよね。だから君はみんなより１時間早く来なさい。そして、できれば会社の前を掃除すること。そうすると、いいことあ

るよ」

あこがれの先生に言われた僕は「わかりました！」と即答し、ずっとその教えを守って1位出社を続けました。会社の前の掃除はしませんでしたが……。

でも、竹田先生の言葉のとおり、ほんとうに良いことがたくさん起こったのです。

誰よりも早く出社し、みんなのことを優先して、そのあとに自分の仕事をする……これを次の後輩が入ってくるまで2年にわたり続けていた僕は、いろいろなことを頼まれるようになっていました。

僕は完全にどんな依頼も笑顔で即答していました。

そのおかげで、笑顔が板につき、いろいろなチャンスをもらいました。

当時、僕が配属されたのは、花形の編集部でも、営業部でもなく、新設の部署。その名も「情報企画部」。本を出したあとの、セミナーやＤＶＤ教材などを企画し、集客し、販売し、サポートするという部署。

ここで初めて、僕は真剣に勉強を始めました。そして、まさに僕自身が、フォレスト出版で出している、中小企業のためのマーケティングや経営の書籍をフル活用して、実際に集客や販売に生かしていきました。

インターネットを駆使していた著者のマネをして、フォレスト出版として初めての高額のＤＶＤ教材を作成したときのことです。

当時、フォレスト出版では、社長の方針で部署を横断して１冊の本ごとにチームを作っていました。チームでは、本だけではなく、セミナーや教材も含めた総合的な企画を立て、それを実行していくのです。

初めて高額のＤＶＤを販売したとき、僕は大阪にいました。

メール配信予約をして、いざ販売開始。不安と期待が入り混じりながら、１時間ぐらいしてから結果を見てビックリしました。

なんと、いきなり数百本の注文が入っていたのです。

たったの1時間で、数百本……。

結局、そのDVD1本だけで、数千万の売上になりました。

僕が入社したときの情報企画部の売上は、1000万円ほどでした。それをたった1本の教材で達成してしまったのです。これを可能にしたのが、フォレスト出版の持つ、メールマガジンという顧客リストとセールスレターという武器でした。

対面の営業では到底なしえない日本全国を対象に、24時間、365日休むことなく営業できる武器を持った情報企画部は、やがて、あらゆる著者をこの必勝パターンで売上を上げていきました。

そして、フォレスト出版に入って、ちょうど1年くらいたった頃、僕はあの本田健さんのセミナーに参加し、ひすいさんと運命の出会いをするのです。

ちなみに、ひすいさんがパーティの席で僕に声をかけてくれたのも、僕の笑ってる顔が印象に残ったからだそうです。

笑顔は運を運んでくれるんです。

POINT!

どんな依頼も超笑顔で即答し続けると、ビッグウェーブがやってくる!

ROAD 11

花よりも花を咲かせる土になれ

HOW TO CATCH OUR DREAMS MOST JOKINGLY IN THE WORLD

僕らがやったことは、業界の常識とは一線を画していました。

フォレスト出版が目指したのは、「出版社自身をブランド化し、フォレスト出版のファンを作ること」でした。

つまり、同ジャンルの書籍に絞って出すことで、また、出版後のセミナーやコンテンツ販売も行うことで、読者にとっては、非常に使い勝手の良い出版社になっていったのです。

言い換えれば、「指名買いのある出版社」を目指したのです。

この戦略は功を奏し、フォレスト出版の本だからということで書籍を購入する人が増え、また、フォレストのセミナーだからということで、多くの読者に参加してもらえるようになったのです。

仕組みは著者にとっても画期的です。

もちろん、すべてのことを自分でできる著者はいいですが、基本的に著者には本業があり、またセミナーやコンテンツ販売に長《た》けていない人も多いのです。

少々自分の取り分は減っても、フォレスト出版というエージェントと組むことで、自分はコンテンツ制作だけに専念できます。出版から、セミナーや教材というバックエンドの販売まで一緒に取り組むことで、読者にとっても著者にとっても、そして出版社にとっても良い、**「三方良し」**のビジネスモデルになっていったのです。


その集大成が、石井裕之先生との出会いです。

編集部が書籍を編集し、僕がセミナーや教材の販売を行い、石井さんがコンテンツを提供する。この相乗効果はすさまじいものがあり、石井さんは書籍の累計が２００万部を超え、６万円の教材は１万人以上の手にわたり、なんと２００８年には、東京国際フォーラムでの５０００人のセミナーまで成功させることができたのです。

当時、ビジネス系のセミナーでは、１０００人でもすごいのに、５０００人なんて、

夢のまた夢。ミュージシャンのコンサートレベルです。周りからも絶対にムリと言われました。

でも、その年の菅野さん、ひすいさんとの定例会議で僕は「石井さんの5000人セミナーを余裕で成功させる！」と夢に書き、2人からも「ぼーずならできる！」と本気のあと押しをもらっていたので、周りに何と言われようがまったくブレなかったですね。

結果として……ほんとうに奇跡的に集まってしまったのです。5000人満席の客席を見たとき、ほんとうに身震いしました。

「やっぱり夢って叶うんだな。自分がしてきた働き方は間違ってなかったんだな」

そうしみじみ感じました。

〝花よりも花を咲かせる土になれ〟

これは元ヤンキースの松井秀喜選手の恩師である元星稜高校の山下監督の言葉。僕の大好きな言葉です。

きれいに咲く花は、ほんとうに僕らの目を楽しませてくれます。でも、足下に目を向けると、その花を咲かせている、根っこや土の存在があります。

実際、芸能界でもプロスポーツ界でも、そして僕らのプロデュースの世界でも、多くの人に支えられて、花は輝いているのです。僕らの仕事は、誰にも言えない苦労がほとんどだけど、でもだからこそ、花が大輪に咲き誇り、たくさんの人に喜ばれることが、僕らのガッツポーズの瞬間です。もちろん心のなかで……。

土は土として誇ればいいと思うのです。まだ何者でもないならば、まずは、土として、誰かを支えれば良いのです。何か行き詰まっていること、夢がなかなか思う通りにいかないというのであれば、土の部分を意識してみてください。いろんな発見や解決策が見つかると思いますよ。

この5000人集客という金字塔は、ある意味、一連の土の仕事に対して、神様がくれたプレゼントだったと、いまでも思っています。

ROAD 11
花よりも花を咲かせる土になれ

by 柳田厚志

僕は、フォレスト出版に入社後、３年後には新設の教育事業部という部署を任され、史上最年少で部長になり、ワンフロアすべてを与えられるという出世をしました。

入社当初、１０００万円ほどだった事業部の売上は、僕が入ってから10倍以上の３億円にまでなりました。

現在は後輩たちががんばっていて、この事業部は何倍も大きくなっています。

そして、フォレスト出版にとって、コンテンツの販売は、出版と同等かそれ以上の売上と利益をたたき出す、なくてはならない存在になっていったのです。

POINT!

まだ何者でもないならば、
土として誰かを支えればいい。
花よりも花を咲かせる土になれ！

Commented by 菅野

「〝花よりも花を咲かせる土になれ〟。この名言を胸に刻んでプロデュース業務をしています！」と、宣言しているぼーずくん。でも、先日の起業塾のプロモーション動画で、「土」であるはずのぼーずくんが、「花」であるはずの主役講師４名のど真ん中に立って、「それでは、続きをどーぞ!!」と、満面の笑みで誰よりも目立っているのを見ました。

それは、ゴレンジャーで言えば、完全に花形の赤レンジャーの立ち位置でした。いったいこれから、何を信じて生きていけばいいのでしょうか……（笑）。

ROAD 11
花よりも花を咲かせる土になれ
by 柳田厚志

ROAD 12

何も考えないで独立。でも神様はちゃんと見てる

HOW TO CATCH OUR DREAMS MOST JOKINGLY IN THE WORLD

「3年で辞めますー」

そう宣言した僕は、3年後にほんとうに辞めることを伝えましたが、社長と専務からの引き止めにあい、結局、4年半会社に在籍して独立をしました。

しかも、そのときは、何をやるかまったく決めず、あるがままに任せていました。

もちろん、起業することだけは決めていました。

でも、僕は大学時代からそうであったように、**退路を断ってから、**目の前に与えられる出会いやチャンスに懸命に向かうことによって運を開いてきました。

ですから今回も独立にあたって、セコいことはいっさいしませんでした。

たとえば、講師との関係を作っておいて、独立後に仕事がもらえるようにするというようなことがイヤで、そんなことは、いっさいしませんでした。

でも、ほんとうに不思議なのですが、フォレスト出版からは、辞めてもぜひ関わってくれということで、石井裕之先生のコンテンツを担当させてもらいました。ここらへんも、ほんとうにフォレスト出版は太っ腹だと思います。


いまでは、ジョイントベンチャーは当たり前になりつつあります。プロジェクト単位で各プロフェッショナルが集まり、1つのプロジェクトを完成させる。そんな、これからの仕事のあり方を、僕は自然に行ったのだと思います。

そして、フォレスト出版とジョイントベンチャーでプロジェクトを行ったり、こうして出版までさせていただくことができました。それもこれも、僕自身の仕事のスタンスや姿勢を評価していただいたからだと思います。

もちろん、結果を出すことが大前提ですが……。

「3年で辞めます！」というのは、誤解があるといけないのでしっかりお伝えして

おきたいのですが、3年で辞めると宣言したからこそ、

この3年間は死ぬ気で、会社のためだけに貢献するということです。

サラリーマンにとって、一番に貢献すべきは給料をくれる社長です。

つまり、会社そのものに徹底的に貢献し、会社からも「コイツには辞めてもらいたくない」という存在になることが不可欠です。

しかもそこに、3年で人脈やノウハウを身につけてやろうという下心や、将来自分が得をするための仕事の仕方はしません。

これはほんとうです。

結果的には、フォレスト出版で培ったプロデュースの力により、いまでもこうしてプロデューサーとして仕事ができていますが、何も最初からそういう意図で働いていたわけではありません。

斎藤一人さんも言っていますが、

「仕事は呼ばれるもの」

なんです。だから探す必要はない。

自分の生き方、姿勢、志、ライフスタイルだけを決めれば、あとは自然に出会いがあり、仕事も与えられるのです。

そしてその仕事を、笑顔で引き受け、全力で取り組みます。そうすると必ず誰かが見ていて、次のステージへ引き上げてくれるのです。

だから、僕は声を大にして言いたい。

いま、起業を考えていたり、副業から始めて、いつかは独立したいという人は多いでしょう。

いまの会社がイヤだからとか、社長が、上司がイヤだからという理由で独立を考えたり、あるいはそういうふうに煽《あお》って、独立を推奨するコンテンツが多いですが、そうした理由に、僕は真っ向から反対します。

自分のお世話になっている会社の社長すら満足させられず、同僚からの支持も得られなくて、どうして起業してやっていけるのでしょう。

どうしてお客さんから支持が得られるでしょうか。
そんなふうに、文句を言いながら働く人を応援したいと思う人がいるでしょうか。
神様がそれを見てどう思うでしょうか。

一時的にうまくいっても、そういうマインドの人は必ずあとでしっぺ返しを食らいます。まさに、自分の投げたブーメランのごとく、今度は部下が同じように、悪口を言って辞めていくでしょう。

独立したい人は、いまの会社でスーパー貢献して、辞めてもらいたくないと思われてから辞めるくらいでちょうどいいのです。

しかも下心丸出しで仕事をするのではなく、ほんとうに貢献するつもりで仕事をするのです。

そうすれば、ほんとうに必然的に、いろいろな助けが入り、いろいろな運に恵まれ、最適な形で夢が実現していくことでしょう。

僕自身が、何度もそうやって奇跡を起こしてきました。

POINT!

仕事は呼ばれるもの。
だから、いまいる場所で、スーパー貢献する！

ROAD 13

ダメダメな探偵時代

HOW TO CATCH OUR DREAMS MOST JOKINGLY IN THE WORLD

ひすいさんとぼーずと出会う直前の頃の話です。

情報誌の『アントレ』をパラパラめくり何か仕事を探していました。

そこに「探偵で起業しませんか!?　わずか1週間の研修で探偵デビュー」と書いてある探偵学校なるものを発見したのです。

この記事を見て、そのとき一緒に仕事を探していた仲間と超盛り上がりました。男だったら、探偵は一度はやっておくべきでしょう！　なんて、みんなノリノリです。

そんなノリで、探偵をやることにしました。1人当たりの探偵学校の研修費が50万円もかかるとのことでしたが入学を決めました。5日くらいみっちり研修をしてもらい、最後に実践経験のために、浮気調査に同行して卒業です。

卒業すると、その探偵学校から「探偵○○協会356号会員」みたいなよくわからない証書をもらえるわけです。

そいつを会社に飾っていざ探偵スタートです。

僕の探偵時代の幕開けです。まずは探偵学校で習ったとおり、チラシを作り、それを近所で配りまくります。来る日も来る日もチラシを配り続けました。そして、1週間後……。

見事に電話すら鳴らなかったのです。

戦法を変えて、地元の無料タウン誌に一気に広告を掲載することにしました。広告費、いきなり60万円です。

すると、ポツリ、ポツリと相談の電話が鳴るようになりました。

忘れもしません。初めての仕事は、宅配便のドライバーをしている旦那の浮気調査でした。

そのすべてを書くと長くなるので割愛しますが、結論から言うと、車で尾行中にベタつけしすぎて、ターゲットに尾行がバレてしまったのです。逆にターゲットに僕らの車のナンバーを控えられて思いっきり睨《にら》まれたという、お粗末すぎる幕開けとなりました。

当日は、ターゲットの自宅マンションのすぐそばのコンビニで待ち伏せ待機していたのですが、ターゲットの車両が動き出すや否や、逃してはなるまいと急な割り込みでターゲットの後方に入り込んだので、割り込んだ車に思いっきりクラクションを鳴らされてしまったのです。

この最初の無理な割り込みで、ターゲットは危なっかしい車だなと、しっかりチェックしていたようです。しかもそのまま、ずっとベタつけで40分くらい尾行し続けたので、ターゲットに完全にバレていたのです。

というか、こんなひどい尾行、ストーカーでもしません。

そして、依頼者の奥様からすぐ電話をいただき、バレているので中止してくださいと、かなりどやされました。

それもそのはず、奥様は旦那様から「安い探偵、雇ってんじゃやね！」と捨てゼリフを吐かれたのですから。ほんとうに申し訳ないことをしました。

　しかし、この失敗からしっかり学び、その後は、対象の車両には、事前に夜中に発信機をつけるようにして、数台後ろから尾行するようになりました。まぁこれ、探偵学校で基礎中の基礎として習った当たり前のことだったのですが……。

　もちろん、発信機といっても、そんな高価なプロ用のものではなく、セキュリティー会社や携帯会社で貸し出ししてくれるＧＰＳで十分でした。それを強力磁石と一緒にガムテープでぐるぐる巻きにして、マフラーの下あたりにつければ一丁上がりです。

　これなら、ターゲット車両を見失っても、携帯電話で確認するだけで一発で居場所がわかります。あとは車が停車したら、その場所へ行き、車を発見したら待機です。

　そこは浮気相手の家の付近の場合が多々あるので、あとは張り込みをして待つだけです。

　そして次回は、その駐車場所に先回りして張り込み、尾行して浮気相手の家を確認する。これで浮気相手の身元もたいていわかります。車で移動するターゲットの場合のほとんどは、この浮気調査の方法で証拠を取ることができました。

問題なのは、電車やタクシーを使うターゲットです。これは、一度でも顔を見られると怪しまれるので、常に複数で尾行しなければならないので大変です。

ある日、「主人が明日の朝からゴルフに行くといっているのですが、怪しいので調査してください」と依頼された、横浜から熱海まで1泊2日の調査のときは大変でした。

行きは、ターゲットの家まで友人が朝5時に車で迎えに来るとの情報を依頼者の奥様からいただき、すぐに直行。出発に合わせて、ターゲットの自宅前で車2台、計4名で待機です。

当日、10分くらい早く迎えに来た友人の車にターゲットは乗り込むのですが、当然、事前にGPS発信機をつけるようなことはできないので、なるべく距離を保ちながら尾行を開始しました。

そのまま車は、箱根ターンパイクに突入。その日は、すごい霧で、さらに道がガラガラということもあり、ブレーキランプがかろうじて見えるくらいの距離で尾行していました。

私の運転している車が先頭で、そのあとに仲間の探偵の車が並びます。

さらに追って行くと、なんと少し前にターゲットが乗っている車が信号待ちで停車しているのが目に飛び込んできました。

これはマズいと思いましたが、ここで必要以上に間を取るのも不自然なので間合いを詰めて、ターゲット車両の後ろで普通に信号待ちをしました。そうしたら、なんと助手席に乗っていたターゲットが車を下りてこちらに向かって来たのです。

「すみません！　道を教えてほしいのですが、熱海に行くのは、このT字路をこちらに曲がればいいですかね？」

まさに、ザワザワです……。これで、車も顔も全部見られてしまいました。

「あっ、熱海なら、そこの道を右ですね……」

ここまで尾行してきたのに、これですべてが水の泡《あわ》です。

先頭の僕らは、今日は使い物になりません。後方にいた車とチェンジして、後方で

ゆっくりと追いかけることにしました。そして1時間後、無事ゴルフ場に到着。そのままゴルフ場の出入り口で張り込みをします。

ゴルフ、何もなし！

ターゲットたちは、そのまま旅館に宿泊します。僕らは遠目に車を止めて、交代で仮眠を取りながら、出入り口を四六時中、見張ります。

旅館、何もなし！

そして、ターゲットは翌日も朝からまたゴルフ。もちろん、それも見張ります。

ゴルフ、何もなし！

17時頃、ゴルフ場より、ターゲットは車で帰路につきます。

帰路、何もなし！

……と思った瞬間、ターゲットが、まさかの熱海駅で友人の車から下車、そのままゴルフバッグも持たずに、いきなり新幹線に乗り込んだのです。

完全に油断していた僕らは、一同、ザワザワです。

昨日、道を聞かれたことで、すでに僕らの組は顔が割れている可能性があるので、もう１台の２人組が車を乗り捨てて、新幹線にギリギリ乗り込み尾行を続けました。

残った僕らは、ここで上がりです。乗り捨てられた車を助手席の同僚が運転して帰路につきました。

その後、いったい何があったのかって？

結論から言うと、電車でそのまま自宅に直帰しただけで、何もなかったんですけどね……。

探偵時代はとにかく、いろいろな経験をしました。

そのなかでも一番思い出深い出来事がありました。何度か調査しても、いつも空振りだったターゲットの奥様から、夜中の2時に急な呼び出しを食らったときのことです。

ターゲットのご主人がいきなり夜中に、急用の仕事で出かけなければならなくなったとかで、突然、車で出て行ってしまったとのこと。非常に怪しいのでなんとか尾行してもらえないかという電話でした。

僕らは急きょ、現場に駆けつけました。

寝ているパートナーをたたき起こしました。奥様の協力もあり、ターゲットの車には、すでにGPS発信機がセットされていたので、行き先はすぐにわかりました。

僕らも準備を整え、尾行開始です。

GPS発信機の位置を確認すると……。あれ、おかしい……少ししてから異変に気がつきました。

ターゲットは、明らかに東名高速を走っている様子なのです。

むむ、どこに行くんだ……とりあえず、僕らも同じ方面に向かいます。そして数時間後、ターゲットを追いかけて到着したところは、名古屋でした。

依頼者の奥様に電話を入れます。

「ご主人、名古屋に来ているんですが……」
「えっ、会社に名古屋支社があるので、もしかしたら、そこかもしれません」

会社名を確認したら、ズバリでした。

「どうしますか？　張り込み続行しますか？」
「うーん、でも一応、今晩まではお願いできますか」

張り込み続行です。ターゲットは夜の8時頃まで会社にいたのですが、その後、車に乗り込み帰宅……かと思われたら、なんと駅で女性をゲットしたのです！ざわざわ……なかなか尻尾《しっぽ》を出さないと思っていたら、お相手は、なんと名古屋にいたのです。

そして、この日から、1週間泊まり込みで張り込みを行うことになったのです。
結果的に、ターゲットが名古屋にいる間は、ほぼ毎日のようにその女性のアパート

とターゲットが住んでいる社宅を行き来していました。どちらかの家に宿泊している記録もバッチリ取ることに成功しました。
奥様も離婚するつもりで証拠を欲して調査を依頼してきたので、クロとわかったら、喜びと悲しみが一緒にきたような、なんとも言えない表情をしていました。

まぁ、そんなこんなで、この探偵というまったくスケジュールが見えない生活に嫌気が差してきて、このあと、探偵会社は解散しました。そして、当初からいたメンバーは、それぞれが違う道を歩むことになります。
探偵時代はビジネスとしては儲かってはいません。生活費がまかなえたくらいです。

でも、まさかこの経験が数年後、億を生み出すことになるとは、このときは思いもしませんでした……。

POINT!

ムダな体験はない。
すべての体験は生かすことができる。

ROAD 14

ビジネスこそ、究極の遊びだ

HOW TO CATCH OUR DREAMS MOST JOKINGLY IN THE WORLD

それは、いまは亡き親父《おやじ》から譲り受けたホンダの名車（？）に乗っていたときのことでした。

独立して順調にプロデュースの仕事をしていた矢先、車内で運命的な電話が鳴ったのです。

父親から譲り受けた車というのは、結婚前に妻を愛媛の実家に紹介しに行ったとき、親父が車を買い替えると言い出したので、もらい受けてそのまま愛媛から乗って帰ってきたというものです。

親父はそのあとすぐに亡くなりました。以来、10年以上にわたり、親父の形見として、この車に乗ってきました。

そんな車に乗って妻と買い物から帰るとき、1本の電話が鳴ったのです。

菅野さんからの電話でした。

走行中だったので、普通は出ないのですが、何か感じた僕は、運転中なのに電話に出ました（警察のみなさんすみません、時効ということで）。

菅野さんからの電話、一緒にビジネスをやらないかという誘いでした。

実はフォレスト出版の時代から、独立したら一緒にビジネスをやろうと誘われていました。インフォトップの創業者である高浜さんまで来ていただき、一緒に何度か口説かれました。

でも、僕の答えはいつも「ＮＯ」でした。

当時は、菅野さんと一緒にビジネスをするというのが、どうしても現実的に考えられなかったのです。また、当時の僕は、自分の会社は、どこにも依存しないでおこうというスタンスでした。それは、フォレスト出版との仕事でもそうですし、インフォトップや菅野さんともそうでした。

自分の力で立ちたい、自社の力だけでやっていけるようになりたいと思っていたからです。

でも、このときは何か違ったのです。

ちょうど、電話が鳴る直前に、今後のビジネスの方向性を妻と話していたときでした。そんなときの菅野さんからのひと言だったのです。

「ぼーず、一緒にセミナービジネスの会社作らないか？」

僕は、なぜか普通に答えていました。

「やりますか」

その日は、親父の命日でした。

何か運命のようなものを感じて、自然と「やりますか」という言葉が出たのです。

あの地下室の居酒屋で夢を語り合った2人が、それぞれの分野で成長し、そしてついに、融合した瞬間でした。

菅野さんと、僕が作った会社はマザーアース。

人にはもちろん、地球にも優しいという、まさに僕の理想を体現したような社名でした。そして、マザーアースでは、セミナーやコンテンツの販売という、僕がこれまでやってきたことを全部生かせる会社にしました。


サービス名はズバリ「TERAKOYA」。

イメージは江戸時代に発達した寺子屋です。世界進出も目論《もくろ》んでアルファベットにしました。

僕自身、プロ野球選手という夢が破れてから、「これだ!」という夢や生き方、仕事を探していました。でも、周りにはロールモデルになるようなカッコいい大人はいませんでした。ただ、ヒーローは本やセミナーのなかにいました。僕自身、本やセミナーによって人生が変わりました。

だから、若い人に、カッコいい大人たちを紹介したかったんです。

学びたい人が、誰でも学べるような学び舎《や》にしたかった。

新しい生き方、ライフスタイルを提言できるような、そんな学び舎にしたかった。

ROAD 14
ビジネスこそ、究極の遊びだ
by 柳田厚志

そして、僕らは、「TERAKOYA」の開校記念セミナーの講師を満場一致で決めました。

この人しかいませんでした。

ひすいこたろう……。

時は、2009年10月31日。
僕ら3人が出会って、5年の月日が流れていました。ひすいさんが言いました。

「仲間と、遊ぶように一緒に仕事ができるって最高じゃない？」

そのとき、気づいたんです。僕が大学生の頃に衝撃を受けた高橋歩《あゆむ》さんの何に衝撃を受けたのかということに……。

大人になっても、子どもの頃からの仲間と一緒にバーをやったり、一緒に出版社やったり、一緒に何かやっている……そんなところに惹《ひ》かれていたのかもしれないと。

そして、3人が出会って5年で、ほんとうにそんな遊ぶように仕事する会社ができてしまったことが、驚きとともに、なんだか不思議な感じでした。

まさか自分たちにこんなことができるなんて……。

ひすいさんのセミナーは、300名以上が集まって大盛況でした。

セミナーではいつも僕は講師に気を使うわけですが、今回はその講師が、ひすいさんだということで、なんとも不思議な気持ちでした。でも、僕らのこの働き方は間違いなく、新しい時代の到来を予感させました。

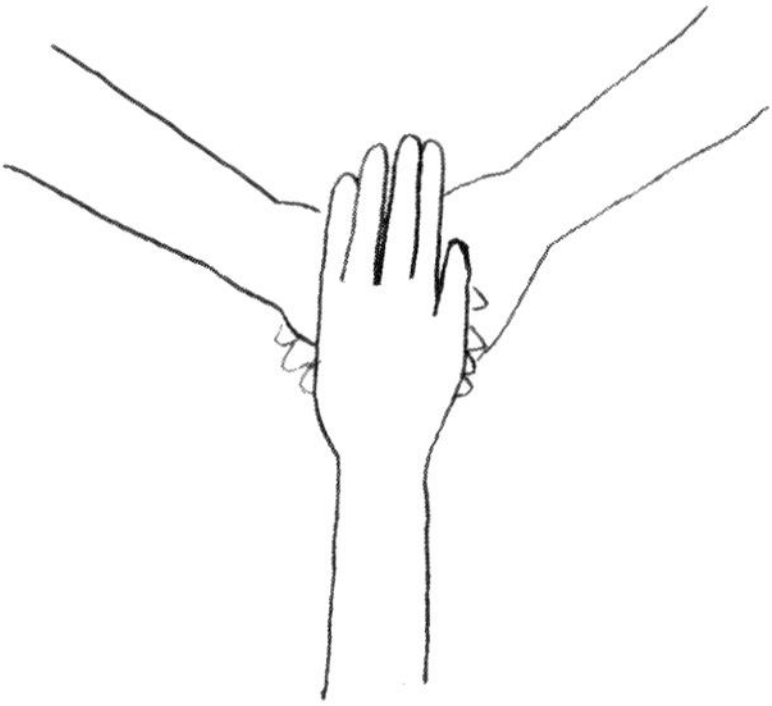

ROAD 14
ビジネスこそ、究極の遊びだ
by 柳田厚志

次の講師は、高橋歩さんにお願いしました。

僕があこがれ続けたあの、歩さんのセミナーを主催するのは、ほんとうに感慨深いものがありました。

僕らがカッコいいと思う人を呼び、みんなに知ってもらう。若い人でも参加できるように、できるだけ安価で提供する。仲間と一緒に、遊ぶようにビジネスをする。掲げたビジョンも、照れずに素敵だと思えるものにしました。

「日本人の幸せ指数を世界一にします！」

こんなふざけたビジョンも許される会社でした。

そんな奇跡のような会社が、マザーアースでした。

でも……その栄光は長くは続きませんでした。

やはり、安価でボランティア的にビジネスをやっていくことは、経営的にはほんとうに難しいものがありました。菅野さんが言いました。

「『日本人の幸せ指数を世界一に』と言ってるオレらが、幸せじゃなくなるよね？　このままじゃ……」

反論できませんでした。

僕らは、苦渋の決断の末、マザーアースをいったん解散することにしました。

でも、この仲間での仕事はほんとうに楽しかった。何より、新しい働き方の時代の到来を示唆していました。だからこそ、別の道を模索したのです。

そして、僕は導かれるように、新しい働き方に出会いました。菅野さんの会社と僕の会社でジョイントして働くスタイルです。そして、同じ教育という部分は変わらないけれど、世界で活躍する日本人の智慧を伝える、オンラインスクールという分野に進出しました。

対象のお客さんや、供給方法が変わっただけにすぎません。これまでは若者に焦点

を当ててきましたが、お客さんの層を広げて、日本人にもっとも欠けている、世界基準のお金、投資、ビジネスのスキルと智慧を提供するものです。

学校ではけっして教えてくれないけれど、社会でサバイブするうえでは絶対に必要なライフスキルとも言える分野です。そしていきなり、バリ島に住む大富豪の「アニキ」こと丸尾孝俊さんと6万人の視聴者とを結ぶ「生ライブ」を大成功させるなど、いまに続く、大ヒットプロジェクトの数々を生み出し続ける

「大富豪プロジェクト」へとつながったのです。

やはりムダなことは何もなかった……。

この成功は、間違いなく「TERAKOYA」の土台があったからです。

僕らは「TERAKOYA」での地道な活動で、お客さんや周りからの信頼残高を積んでいました。だから、「大富豪プロジェクト」を発表したときも、ほんとうに多くの仲間が参加してくれました。「TERAKOYA」時代の10倍もする金額でもです。

お客さんだけではありません。何よりうれしいのは、会社は解散しても、個々の絆

はつながり、菅野さんや高浜さんといまだに一緒に仕事ができていること。マザーアース時代のスタッフは、菅野さんが始めたインフォトップ社に移り、いまだに一緒に仲間として働いてくれています。

時代は変わりました。

いまや、自社だけで完結する仕事はほんとうに少なくなりました。プロジェクトごとに、各分野のプロが集まり、プロジェクトが終われば解散していくというスタイルが主流になりました。

インターネットの発達でオフィスも必要なくなりました。

出社も必要なくなりました。

世界中のどこにいても、好きなときに仕事ができる環境が整いつつあります。

働き方に、革命が起きているのです。

ROAD 14
ビジネスこそ、究極の遊びだ
by 柳田厚志

そして、個人がますます力を持つようになってきたのです。

僕が一番思うこと。それは、ビジネスの現場で、「笑い」「楽しさ」「ユーモア」が受け入れられるようになってきたことです。

これこそ、個人が主役の時代を象徴していると思います。楽しんで、輝いている人たちのところに、お客さんが集まるようになってきました。ビジョンを掲げ、旗を立てると、必ずそれを見つける人が出てきました。地元だけではなく、日本が、世界が仕事場であり、遊び場になりました。大好きな仲間と一緒に、ビジネスをすることができるようになりました。

それは、カラオケなどで遊ぶよりも、よほど快感をもたらしてくれる、究極の大人の遊びです。

僕らはいま、そんな時代に生きています。

この仲間に入る条件はただ1つ。

自分で自分に許可を出すか。自分で自分にＯＫを出すか。

それだけです。

「そんな働き方は、私にはムリ」ではなく、「そんな働き方なら、私もできる」と言い換えましょう。

遊ぶように働いていいんだって、自分に許可を出しましょう。

ＯＫを出しましょう。

ほんとうに、そうなりますから。

ROAD 14
ビジネスこそ、究極の遊びだ
by 柳田厚志

POINT!

大好きな仲間と、遊ぶように働いたって、いいんだ。
自分で自分にＯＫを出そう！

Commented by 菅野

ちなみにインフォトップ社内では、僕と高浜さんで、ぼーずをビジネスパートナーに口説いたときの話を、『三国志』の劉備玄徳が諸葛亮孔明を口説き落としたときのように「三顧《さんこ》の礼」と言われ伝説となってます。いやぁ〜天狗になってる男を口説き落とすのはほんと大変でした（笑）。

第 03 幕

未来は変えられる！

成長、夢実現、そして僕らのライフスタイルへ——

ROAD 15

起業して加速度的に成功する秘訣

HOW TO CATCH OUR DREAMS MOST JOKINGLY IN THE WORLD

僕はプロデューサーとして、著者や各界のプロフェッショナルをプロデュースすると同時に、多くの人にとって人生が変わるきっかけとなるコンテンツやプロジェクトのプロデュースをしていました。

考えてみればこれは、自分でプロデュースの仕事がしたいと思ってやったわけではありません。

オーストラリアでのサーフィンを日常とするライフスタイルとの出会いから始まり、2年間の営業の仕事、4年半のフォレスト出版でのプロデューサーとしての仕事など、すべてが関連しています。

いま振り返ると、ほんとうに必然的に導かれたとしか思えません。

僕が決めたことは、たった1つ。

35歳でサーフィン三昧のライフスタイルを確立する。

そして、31歳のとき、ほぼそれが可能な状態を実現しました。

自分自身で夢を描いて6年ほど。

菅野さん、ひすいさん、この仲間に誓ってから、3年ほどです。

独立してからの僕は、さらに自由に、ほんとうに自分が惚《ほ》れた人、企画だけをプロデュースできるようになりました。

というか……、

ほんとうに僕が聴きたい先生のセミナーを主催し、
僕が学びたい先生とのオンライン講座を開催するなど、

生き方と仕事のズレがまったくなくなって

ROAD 15
起業して加速度的に成功する秘訣

by 柳田厚志

きたのです。

秘訣はもうこれだけです。


こうであったら最高にうれしいという、将来の理想的なライフスタイルを強く描く。

それを紙に書く。

応援し合える仲間を持つ。

目の前のことに一生懸命取り組む。

常にライフスタイルは忘れない。


これが、世界一強力な夢の叶え方だと思います。


いま起業しようと思ったら、「お金がないから……」というのは、言い訳にならないくらい容易になりました。

では起業して加速度的に成功するには、どうすればいいのでしょう?

僕はポイントが3つあると思っています。

1．起業がゴールか、その先の成功がゴールか？

起業をゴールにしている人が多すぎます。

「将来起業したいんです」と言う人は、ほとんどが起業がゴールになってしまっています。

ビジネスでも何でも、夢を叶える、目標を達成するコツは、「すべてを前提にする」という考え方です。

つまり、「起業したい」というのは、ゴールが起業です。でも、それでは、起業した段階で安心してしまう。そうではなく、起業してどうなりたいのか、やはりここでも起業後の会社の、あなたのビジネスの理想の姿を描くのです。

そして、それを最大の目標にする。

そうすれば、起業は通過点です。前提です。

これは本を出すのでもそうです。出版が夢なんですという人は、出版しただけで安心します。でも、本は売れてナンボです。

ひすいさんは、「本を出していきなりベストセラー」と夢を語りました。「本を出す」ではないんです。

僕は、「サーフィン三昧のライフスタイル」を夢にしました。
だから、「起業する」のは当然なんです。僕はその先を常に見据えていました。

仕事でもそうです。
このプロジェクトの売上目標を1億ではなく、あえて1・5億にする。そうすると1億は通過点。だから、結果的に達成してしまう（石井裕之先生の伝説のプログラムは、超無謀な1万本という目標を立てました。数年後、本当に実現しました！）。
年収でもそうです。

年収を1000万円欲しかったら、年収2000万円を目標にする。

そうすると、脳みそは年収2000万になるためのプログラムを考える。結果的に、1000万は通過点で達成してしまう。

起業して加速度的に成功するポイントの1つは、この「前提にしてしまう」という法則です。

2．応援が立つか立たないか

ビジネス立ち上げ時というのは、普通はお客さんはゼロです。

だからこそ、そこで支持されるには、起業するまでのあなたの姿勢が問われます。

僕の場合、とにかく会社のためだけに3年間やってきたので、ほんとうにツイてることに、辞めたあともプロデューサーとしてやってほしいと言われました。けっして僕からお願いしたわけではありません。手前味噌ですが、普段からの姿勢を評価されたからだと思うのです。

会社への不満がある人は、起業したって、不満を持ちます。それは部下へかもしれないし、お客さんへかもしれない。

結局同じなんです。サラリーマンのときに結果を出せなかった人や、信頼を勝ち取れなかった人が、起業してうまくいくわけがないのです。

結局、プロフィールなど、前職の会社名や看板や肩書きを利用するのだから、それに恥じないように、お世話になったところから応援される働き方をすることです。

お客さんから応援が立つとはどういうことか?

これはズバリ、何のために、会社を、ビジネスを立ち上げたかというビジョンや理念やミッションの部分です。

突き詰めればそれは、この会社は、どういう想いやミッション、ビジョンを描いてやっているのかという部分です。

僕の会社チアーズは、「あなたの出逢《であ》いをプロデュース」ということで立ち上げました。これは、お客さんにとって人生が変わる出会い、つまり、僕がプロデュースするプロフェッショナルとの出会いを通じて、お客さんの人生をより良いものに変えたいという希望です。

そして僕自身は、もっともっと日本人が、自由なライフスタイルを選択できる見本になりたいのです。そのために、僕があこがれる生き方をしている先人を紹介し、「こんな生き方をしていいんだ」と若者たちに思ってもらう。

僕自身も、大好きなサーフィン三昧の生活をしながら、きっちり社会にも貢献して、チアーズを必要とされる会社にしていく、そんなビジョンを掲げています。

だからそのための手段として、チアーズの扱うビジネスは何でもいいのです。たまたまそれが、いまは人のプロデュースであり、教育ビジネスになっているというだけです。

いまでは、菅野さんと「世界で活躍する日本人の叡智《えいち》を伝え、世界中に日本人のネットワークをつくる」というビジョンで大富豪プロジェクトを提供しています。「日本の投資教育を変える！」というミッションを持つ「投資の学校」も含めて、いずれも大成功しています。

自分の「想い」の旗を立てましょう！

お客さんは、その旗に惹かれて集まって来ます。共感できれば、応援が立つんです。どんな偉大な会社も、スタートはゼロなんです。「なぜ、やるのか」「何のためにやるのか」その想い、ミッション、ビジョンを宣言しちゃいましょう！

3. これだけは誰にも負けないものがあるか——営業力

起業時に最初に必要なのは、僕は営業力だと思っています。

だからいま、起業を考えている人は、とにかくまずはセールスを学ぶべきです。

マーケティングとセールスは両輪です。マーケティングは販売の比重を下げるものであり、継続的に売るための仕組みです。

とにかく最初は顧客リストを獲得すること。そして、その方々に買っていただく販売のスキルです。

もちろん、商品が素晴らしいのは大前提。商品力は誰もが磨きます。でも差がつくのは、数ある商品から、あなたの商品を見つけてもらう仕組みと、いかにほかとの違いを認識してもらい購入してもらうかのセールスの部分です。

起業前にお金をためるためにがんばる人がいますが、それ以上に、マーケティングとセールスをしっかり勉強しておくことです。必ず役立ちます。

つまり、起業して加速度的に成功するポイントをまとめると、
理想のビジョンを掲げ、それを適切にお客さんに伝えること。そして、あり方とやり方をともに磨くこと。

いかに応援されるか。
いかに信頼が大事か。

起業時は預金残高なんてなくてもいい。
でも、信頼残高だけはサラリーマンのときから積み立てておくことが、加速度的に成功するポイントなのです。

POINT!

預金残高より信頼残高。

Commented by 菅野

でも、その信頼残高は、こないだバリ島でオレが立て替えた飲み代を、覚えてないふりした時点で全部消えてるけどね～（笑）。

ROAD 16

自分の経験がお金になる!?

HOW TO CATCH OUR DREAMS MOST JOKINGLY IN THE WORLD

僕にとっての一大転機がやってきます。それはインターネットビジネスとの出会いでした。探偵時代のあとも、光ファイバーの回線獲得や、プロパンガスの新規獲得の営業等々、いろんな代理店ビジネスに果敢にチャレンジしたものの、食べていくのがやっとの生活で何ひとつうまくいかずでした。

当時、頼みの綱だったクレジットカードの加盟店獲得業務も短期終了となり、ついにやる仕事がなくなりプータローに立ち戻ってしまっていました。

次は何をすべきか、いろんなジャンルの本を読みあさり、ビジネスを研究していました。

当時、カリスマコンサルタント神田昌典さんが主催する「顧客獲得実践会」という、年間9万8000円の会員にもなって、必死にマーケティングも勉強しました。

そんななか、「インターネットスーパーセミナー2003」というセミナーが渋谷フォーラム8で開催される告知を見たのです。

当時、仕事もなく先行き不安だったので、パソコンも触ったこともなかった僕ですが、それでもチャンスをつかもうと、すぐに出席を決めました。

このときのゲスト講師が元パチンコ店の店長さんでした。彼の話を聴いて驚きました。だって、彼、パチンコ店の経験から、パチンコで勝つ人と負ける人の違いがわかるようになり、それをレポートにまとめて、5000円くらいでインターネットで販売してみたら、なんと年間2000万円も売れてしまったというのです！

えーっ！　自分の経験がお金になるの!?

僕はここで、初めて情報起業というものを知りました。

そこからすぐに行動に出ました。

帰り道に、**「オレのなかで何か売れるような経験はないか？」**と探ってみました。

ありました！

そうです！　あのつらかった探偵経験が、なんとここに生きてきたのです！

自分の探偵経験を、素人でもできる探偵調査マニュアルにしたら、これは売れるだろうという安易な発想で、ネットビジネス参入を決意しました。

しかし、当然ながら、そこから山あり谷ありです。やってみようと動き出したのはいいけど、実際に何をどうやっていいかわかりません。

そこで、書店に行って、ネットビジネスの本を買ってきたり、いろいろ調査しました。すると、メルマガを出すなどいろいろ書いてありましたが、そもそもホームページが作れない壁にぶち当たりました。

これは困った……。

そこで、当時プログラマーをしていた嫁に相談しました。そしたら、なんと彼女が作れたのです。意外に身近なところに、いるものなんですね。

これで、ホームページの制作はクリアー。でも、今度は、自分の経験を文章にまとめることができません。何度書いても、小学生の日記のようなつたない文になってしまうのです。

いまは、この原稿も自分で書いてますけど、当時は、まったく文章など書いたことなどありません。ここでまた壁にぶち当たりました。

当時はまだひすいさんと出会っていませんから、とりあえず、知り合いにライターがいないか、中学と高校の卒業アルバムをひっくり返してきて、知人に電話しまくりました。そしたら、なんと3人目に電話をかけた友達がライターをしていたのです。意外に身近なところに、いるものなんですね（笑）。

ホームページのセールスレターのほうは、クレジットカードの加盟店獲得の代理店をやっているときに必死に磨いたので、なんとか自分で書くことができました。

そして、マニュアルも完成、ホームページも完成です。さっそく、「まぐまぐ」というメルマガ配信スタンドに登録して、メルマガを配信することにしました。まあ、最初はつたない文章です。

さらにセミナーでも習ったとおり、メルマガの読者を相互紹介等で集めて読者を増

やしていき、最終的に１０００名くらいの読者が集まりした。そこに向けて、「素人でもできる探偵マニュアル」を何度か紹介してみたのですが、まったくもって売れない。「あれっ？　セミナーと話が違う……」と、ここでも壁にぶつかりました。

いったい何がダメなんだろうと、よくよく考えてみると、探偵時代に依頼されるお客さんの９割以上の方が浮気調査でした。もちろん客層は、ほぼ１００％女性です。

でも、僕がメルマガに書いていたことは、男が好むような探偵物語だったのです。男ならば一度はあこがれる職業が探偵です。なので、探偵の実態を……みたいなメルマガを書いていたのです。そして、あなたもこの1冊で探偵になれますと……。

しかし、ターゲットは男性ではなく女性だったのです。ここに気づいてから、軌道修正をしていきました。マニュアル名も、

「素人でもできる探偵マニュアル」から、

「42歳の女性でも簡単にできる浮気調査マニュアル」

に変更しました。

そしてメルマガも、探偵物語ではなく、浮気で困っている女性に対して浮気調査の方法をメインで解説していくことにしました。すると、ポツリポツリと売れ始めたのです。

自分で作成した情報商材を販売したのは初めての経験だったので、最初に売れた1件は感動しました。うれしいと飛び跳ねるとよく言いますが、ほんとうです。このときは文字どおり、夫婦そろって飛び跳ねて手を取り合って喜びました。

懐かしい思い出です。

POINT!

自分ができないことを、できる人が必ずいる。
しかも意外に近いところ……。
あなたの隣にいたりする。

ROAD 17

年収1億円を突破！

HOW TO CATCH OUR DREAMS MOST JOKINGLY IN THE WORLD

ひすいさんとぼーずと僕の３人で夢を書き合い、宣言し、励まし合った結果、僕がどうやって、１年後に年収１億円を実現したか、気になるそのストーリーを見ていきましょう。

僕の情報起業の処女作である、「素人でも簡単にできる浮気調査の方法」マニュアルは、月間20万円の売上となり、30万円になり、50万円を超え、ついには月間１００万円の売上を上げるようになりました。ブレイクポイントになったのは、価格設定をし直したことです。

なにせなかなか売れないものですから、価格は少しでも安くしないといけないと思い込んでいたのですが、もともと50万円も出して探偵学校に通って、さらに実践の日々でさらに進化したノウハウです。

浮気調査を探偵に依頼すると、安いところでも６時間で10万円くらいかかります。

浮気の証拠を押さえようとなると、もちろん1回の調査で終わることはありません。なんやかんやで、最終的には１００万円を超えるということもざらにあるという世界です。

つまり、探偵に調査を依頼すると１００万円かかるものが、９８００円のマニュアルを見れば自分で調査できてしまう。こう考えたときに、さすがに９８００円は安すぎると思ったのです。

そこで、徐々に値上げして、適正価格をテストすることにしました。「９８００円↓１万４８００円↓１万９８００円↓２万４８００円↓２万９８００円」と１週間ごとに価格をアップしてみました。

すると、一番利益が出る価格が２万９８００円だったのです。

この価格テストで月商１０００万円を突破させ、さらにマニュアル購入者に対して、需要がある商品を何個か増やしました。

たとえば、電話番号から住所と名前を調べるサービスなどは情報業者が扱っていたので、それをマニュアル購入者には、どこよりも低価格で卸したり、なかには探偵社の助けが必要そうなお客さんには、相談に乗って探偵社を紹介したりもしていました。

そうした付加価値をつけた「マニュアル代金+もろもろのバックエンドのサービス」

を用意すると、今度は月商が２００万円を突破していきました。

情報起業のノウハウがわかって、その後、僕は新たな新商品を開発しました。その名も「ダントツにモテる男の法則」です。

これは、モデルのかわいい彼女をゲットしている、正真正銘のモテ男とタッグを組んで作成しました。

パートナーのモテ男は、マニュアルとメルマガの執筆を担当します。そして僕が、セールスレターとホームページ作成やその他の広告出稿等のマーケティング業務を担当します。

それで利益は折半しよう、ということで始めました。

ここであなたが何を思うか、想像がつきます。浮気調査は特殊な技術だから売れたのだろうと。でもモテる男のノウハウなんか、大金出して払う人なんているのかという疑問ですよね？

正直、僕も同じことを思いました。モテる男なんて、学校に数人は必ずいるもんだし、わざわざ高いお金をネットで払って購入する人なんていないかもしれない。

そう思いながらも、このマニュアルはライバルが皆無だったので、ダメ元で販売してみることにしたのです。

そしたら、どうなったと思いますか？

「ダントツにモテる男の法則」は、
１万４８００円です。

この価格で、いきなり初月から売上２０００万円を突破してしまったのです。商品はＰＤＦのダウンロード版でしたし、当時かかった費用は、広告費のたったの20万円。粗利９割です。

「浮気調査マニュアル」「ダントツにモテる男の法則」で、あっという間に毎月３００万円を平均して稼げるようになってしまったのです。少し前まで、毎日、四苦八苦していた僕が、パソコンと毎日睨《にら》めっこしているだけで、こんなに稼げてしまえるなんて、まるで夢のようでした。

その後、定例会の一員でもあり、自身も情報起業をしているコジくんと飲んでいるときに、コジくんはこう言いました。

「菅野さんの情報起業のノウハウは本物で、そのへんに出回っているマニュアルと内容に雲泥《うんでい》の差があるから、それをマニュアル化して販売したらどうですか」と……。

しかし、すでに情報起業そのもののノウハウを販売している大御所と言われる人たちがいました。当然、僕のなかでは勝ち目がないと思っていて、自分の情報起業成功法などリリースするつもりはありませんでした。でも、彼のひと言に勇気づけられて、「失敗しようがない情報起業成功法」という商品を3万5800円でリリースすることにしたのです。

結果、どうなったと思います？　なんと、初月から500万円も売れてしまったのです！

当時はネットビジネス全盛期、個人がパソコン1台あれば稼げる時代というふうに、いろんな雑誌等で取り上げられていたので、ネットビジネスに興味ある層がとっても多かったのです。

そんなわけで、「失敗しようがない情報起業成功法」は、その後も飛ぶように売れて、月商は1000万円を軽く超えていきました。

そして、あれよあれよという間に、年収1億円を突破してしまったのです。

快進撃は続きます。

「失敗しようがない情報起業成功法」の購入者から、直接サポートをしてもらいたいという要望が多くなってきました。

そこで、信頼できるコジくんと、同業でがんばっている福ちゃんという友人2名を招き入れ、月1度の電話相談とメール相談無制限のゴールド会員(月額3万円)、メールサポート月5回までのシルバー会員(月額1万5000円)のサービスを開始してみたのです(先にひすいさんが指摘したように、意味もわからず、ゴールド、シルバーという言葉を使っていました、はい)。

蓋《ふた》を開けてビックリとは、まさにこのことで、なんとわずか3名の戦力で、年商は……3億円を突破してしまったのです。

購入見込み客は、ほぼメルマガからの集客だったので、ほとんどが利益です。自分の給料を1億2000万円取りながら、会社にも1億円の経常利益が残ったほどです。

ROAD 17
年収1億円を突破！
by 菅野一勢

そこからの僕は、従業員をどんどん入れていき、10名体制で、このサポートも継続し続けながら、月イチで英語のノウハウ、視力回復ノウハウ、犬のしつけノウハウ、水虫撃退ノウハウ、ダーツ上達法、ボーリング上達法、超有名店のラーメンレシピ、バッティング上達法等々、新たなコンテンツをどんどん販売していきました。
結果的には、数年で年商10億円を達成するまでに至ったのです。

POINT!

「No attack, no chance」佐藤琢磨（レーシング・ドライバー）
アタックのないところにチャンスはない！

ROAD 18

１００億円企業「インフォトップ」創業秘話

HOW TO CATCH OUR DREAMS MOST JOKINGLY IN THE WORLD

２００６年７月頃、友人のＳ君に連れられて弊社にやって来たのが高浜憲一さんです。高浜さんは、情報起業に特化した決済ＡＳＰ（Application Service Provider）をやりたいとのこと。

当時、情報起業の業界は、個人事業主が主体だったので、クレジットカードの決済を導入したくても、なかなか審査が通らず、クレジットカード決済を使うことができないという背景がありました。

情報起業の決済ＡＳＰは、すでに先行して２社があったものの、不具合が多く、納得しているユーザーが少ないこと、また、まだ参入しても勝ち目があることを理由に、決済ＡＳＰ会社を一緒にやりませんかという誘いで来たのです。

たしかに、ＡＳＰ２社を僕自身も使っていましたが、不具合が多くとても納得できるレベルではなかったので、その意見には賛成でした。

ROAD 18
100億円企業「インフォトップ」創業秘話
by 菅野一勢

しかし、先行している2社が大御所の情報起業家で、僕自身も懇意にしていただいていたので、その関係を壊すきっかけにもなりかねない。

正直、最初は、あまりやる気が起きませんでした。

しかし、この高浜さんが、かなり熱心に僕を口説いてくるのです。話を聞いているうちに、僕自身も新たなＡＳＰを立ち上げるのもチャンスだと思ってきました。

役割分担を聞くと、システムの開発等は、すべて高浜さんが行うので、僕自身は集客のみを担当すればいいとの話でした。

集客は僕の得意分野です。

とくに情報起業サポートをしていたので、すでに僕には、数多くの販売者、アフィリエイターの弟子がいました。

なので、ＡＳＰの集客を担当して、軌道に乗せる自信は１００％ありました。

そこで、高浜さんと一緒にこのＡＳＰをやっていく決断をしました。

名前はその日のうちに、情報起業界のナンバーワンを目指そうという理由から、僕が命名して、インフォトップに決まりました。

その日から、僕はオープンの11月に向けて、必死に営業活動を続けていくことになります。

まず、こういったASPを成功させるためには、初速の爆発力が重要でした。立ち上げでこけたら、そこで終わりだと思ったので、とにかく、いかにアフィリエイターと販売者を巻き込んで、オープニング初日にでっかい花火を打ち上げられるかに勝負はかかっています。そこで、僕は人脈をフル活用して、業界の有名人20名をピックアップし、先方に断れないような魅力的なオファーを用意して1人ひとり口説いていき、20名のインフォトップ立ち上げパートナーを作り上げました。

当時のカリスマといわれていた情報起業家とアフィリエイター20名が手を組んだのです。まさに前代未聞の出来事でした。

しかも、インフォトップのリリースに合わせて、カリスマたちに新商品を何個も準備してもらいました。

もちろん、僕自身も新商品の準備もしました。インフォトップのオープンと同時に、カリスマ情報起業家の新商材が一気にリリースされる手はずです。

そして、オープニングの11月17日の21時に、カリスマたちが一斉にメルマガという

名の花火を打ち上げます。ここまでお膳立てしたら、勝負する前から勝ちは決まったようなものです。

あとは、この爆発力に耐えられるシステムがあればOKです。システムは高浜さんが忙しく動き回っていました。

ほかのASPはよくサーバーダウンしていたことがあったので、インフォトップは「絶対にサーバーダウンさせないASPにします！」を謳《うた》い文句にして、散々宣伝していました。だから、オープニングでサーバーダウンしたら、マジでしゃれになりません。

僕は何度となく高浜さんと確認し合いました。事前に200商品くらいを販売業者に登録してもらい、そのなかには、インフォトップ独占販売の目玉の新商品も多数あって、ほかのASPと比べても贅沢《ぜいたく》すぎる商品ばかりがそろいました。

これは完全に、出だしから業界過去最高の売上になるのは間違いない。胸は高鳴るばかりです。

2006年11月17日21時、いよいよ決戦のときを迎えました。

菅野一勢、人生でここまで本腰を入れて準備をしてきたのは初めてです。このときが一番、人に頭も下げました。そんな苦労もなんのその、ついに大きな花火が打ち上がるのです。

できること、やれること、すべてやり切ったぜ！

あとはだまって見守るだけです。
あと数十秒で、いよいよオープニングです。
ドク、ドク、ドク、ドク、ドク、ドク、ドク……。
ピッ、ピッ、ピッ、ポ〜ン！
21時、インフォトップ・オープン！！！！

同時に、仲間たちからの怒涛《どとう》のメールが、メールボックスにガンガン届きます。

件名は「インフォトップ、ついにオープン！」です。あまりにも、大御所からのメルマガの一斉配信が連発しすぎて、メルマガ配信スタンド最大手のまぐまぐでさえ、数時間遅れで配信されてくるくらいの事態になっていました。

オープニングの打ち上げ大花火、大成功です！

ホッとひと息つき、次はインフォトップを覗《のぞ》いてみます。


「……ん、なんじゃや、こりゃや！　サーバーダウンして、何も映ってないやないかぁぁぁ〜〜〜」

「高浜さん、いったいどうなってるんですかぁぁぁぁぁぁ〜〜〜……」

僕の記憶はあまりにショックすぎて、ここから先は覚えていません。

以下、オープニング直後にサーバーダウンし、放心状態のなかでメルマガを書いて配信した内容です。


予想外でした……。

インフォトップを期待してくれたみんな。

菅野一勢を期待してくれたみんな。

ほんとにごめんなさい。


ご存じのとおり、インフォトップ落ちました。

いま、メルマガを書いている、21：55分時点でも、めっちゃ重い状態です。

ほんとご迷惑をおかけしております。


菅野一勢、このインフォトップのため、この6ヵ月、死ぬ気でやってきました。

システム会社と何度も、何度も、何度も打ち合わせをし、絶対落とさないために、必死になってやってきました。

何度も、何度も、何度も、確認をし合い、サーバーも最終的に6台用意し、数千万円の開発費をかけ、1時間100万アクセスまで耐えられる環境を整えました。

スタッフと何度も何度も話し合い、使いやすいサービスを提供しよう。

その思いで、必死にやってきました。

しかし、これが結果です。

なので、ご迷惑をかけたあなたに、いまはあやまるしかないです。

ほんとにごめんなさい。

ほんとうにごめんなさい。


結果は変えようがない。

でも未来は変えられる！

ならば、あとはやるだけ。

頭を切り替え、いまからシステム会社へ打ち合わせに出かけます。

サーバーをさらに増強するためです。

もちろん、2、3日で終わる作業ではないので、ここ数日間は、また重い状況になり、ご迷惑をかけることはあると思います。
そのときは、ごめんなさい。

でも、平常時には落とさないよう、いまから、対策を練り直していきます。
「あのときは、どうなることかと思ったけど、インフォトップ使っててよかった」
そう言ってもらえるように、いまからシステム会社に行って、再構築してきます。

本日は、ご迷惑をおかけしました。
取り急ぎ、ご報告まで。

いま見ても、自分ながらに痛々しい。人生を振り返ってみても、このときほど落ち込んだのは、ほかにはありません。

高浜さんも相当つらかったようです。絶対に大丈夫と言い続けてきての、この結果だったので……。矢面《やおもて》に立たされている僕が周りから責められるのを見て、数日間、胃が痛くて、飯が喉を通らなかったと言っていました。

まあ、長く付き合ってみると、けっこう図太い神経を持っていることがよくわかるので、飯が通らないのは完全に嘘だと思いますが……（笑）。

とにかく、波瀾《はらん》万丈のスタートを切ったインフォトップですが、このピンチをチャンスに変えようと、高浜さんはシステム会社と毎日、顔を突き合わせサーバーを強化し守りを固め、僕は僕で、商品を広めるＰＲにひたすら徹し、その結果、攻めと守りがガッチリかみ合い、半年で業界１位のＡＳＰとなることができたのです。

最大のピンチは、僕らの結束を固めるチャンスになったのです。

おかげで、いまやインフォトップは、取扱高１００億円を超える企業に育ちました。

POINT!

未来は変えられる。
最悪は最高にできる！

ROAD 19

ダシが取れる条件

HOW TO CATCH OUR DREAMS MOST JOKINGLY IN THE WORLD

菅野さんたちと出会う前、僕が通販会社の営業マンをしていたときの話です。

人見知りの時代をなんとか乗り越え、広告を作って営業するスタイルを見いだし、会社の売上にも貢献できる営業マンになれ、初めてちょっとだけ自分に自信を持てるようになったその頃。

でも、自分は、まだ、こんなもんじゃないんじゃないかっていう気がしたんです。もっと自分には可能性があるんじゃないかと。ただ、この先、どう自分を変えていいのかわからない。しかし、このままではダメだということだけはわかるのです。そんなふうに、もんもんとしていたある日、自分にこう問うてみました。

ほんとは、オレ、何したいんだ？

その問いに対して、意外な言葉が自分の内側から出てきました。

僕はそのときに出てきた思いを、ダメなら会社を辞めるつもりで、目いっぱいの勇気を振り絞って上司に伝えてみることにしました。

「新規事業で、出版社を僕に作らせてください。本を作ってみたいんです。利益も上げる自信があります。ムリなら会社を辞めます」と。

僕は本に関わる仕事がしてみたかったんです。

なぜなら、ずっと生きにくくて悩んできたけど、それを助けてくれたのは、いつも本だったからです。

ずっとその思いは僕のなかであったのだと思います。でも、「ムリに決まってる」と潜在意識に押し込めていたんです。そのあきらめていた本心が湧き上がったのです。

とはいえ、経験値ゼロのシロウトが出版社をやるなんて無謀です。いま思えばムリに決まっています。でも、結果はどういうわけか、ＯＫだったんです。

「やってみろ！」と。

一応ナンバーワン営業マンだったからでしょうか（はい、営業マン3名ですけど！）。

同期の相棒と2人で、新規事業として出版社を立ち上げさせてもらいました。

編集は、本なんて一度も作ったことのない僕と相棒だけ。営業も、本なんて一度も売ったことのない僕と相棒だけ。右も左もわからない、シロウトが2人しかいない出版社です。

もちろん、僕が書くわけではありません。当時は自分がまだ本を書けるとも思っていませんから。僕は、1冊目の本は、「どうしてもこの人の本を作りたい」と思っていたクリエイターの方がいました。

その人へ向けて、「ぜひ本を書いてください」と渾身《こんしん》の企画書を書いて送りました。

でも、誰も知らない、スーパー弱小出版社からの依頼です。

多忙な、その人からの返事はありませんでした。

もう1回送ってみました。返事はありません。

電話も本人にはつないでもらえません。返事がなければ、返事をしたくなる企画書を書き続けるまで。来る日も来る日も、企画書を書き直し送りました。しかし、返事

はありませんでした。

作戦を変えることにしました。

事務所の前で、張り込んだのです。はい。もう、ストーカーですね。

「来たっ！！！！」

僕らは咄嗟《とっさ》に彼の乗り込むエレベーターに乗り、「毎日、企画書を送っている者です」と告げました。すると、

「キミたちか？　うん。わかった。なかで話を聞こうか」

と事務所に通されたのです。

その瞬間、鳥肌が立ったのを覚えています。

一緒にエレベーターに乗り、僕は彼の後ろで、相棒とがっつり握手を交わしました。

そして、打ち合わせすること60分、本を作らせてもらえることになったのです。

本はそれから1年間かけてミッチリ取材して作らせてもらいました。

1冊作るのに1年かけたのです。

しかし、その本は売れませんでした。

売れなかった理由は1つです。

僕に書店で本を売る力がまるでなかったのです。

本を売るノウハウも、知識も、経験もなく、営業も僕を含めて2名でしたから。


あとで知った話ですが、社内の誰もがシロウトが出版社をやるなんてあまりに無謀。絶対失敗すると、最初から大反対だったそうです。

しかし、僕の上司が本社に頭を下げて 全員を説得してくれたそうなのです。「彼らにやらせてやってほしい」と。

それをあとで知ったとき、涙が出ました。しかし、僕は、その上司の思いに応えることができませんでした。そして、超弱小出版社の僕らを選んでくれた、そのクリエイターさんの心意気にも、応えることができませんでした。

切なくて、つらくて、悔しかったです。

その頃、会社へ行こうと家を出る直前、妻が「あんた、どうしたの！！！」と僕の頭を見て声を上げました。

大きい**10円ハゲ**が2個できていたのです。

悔しさが体にたまっていたんです。

その後、出版事業部は解散をよぎなくされ、僕はもとの通販事業部に移されました。僕の青春は、来る前に終わった……そう思いました。

先日、コンサルタントの小田真嘉《まさよし》さんと一緒にお仕事をさせていただいたとき、小田さんはこんなことを言っていました。

「カツオブシにしろ、昆布にしろ、ダシを取れるものには共通点があります。それは一度、からっからに干からびた過程があることです」

そうだ。あのとき僕は干からびたんだ。

あのとき、経験なんか何もなかったけど、どんな本にしたいか考え抜いた。どんな装丁にしたいか考え抜いた。これ以上できないくらい考え抜いた。書店もたくさん歩いて営業に回った。僕から本を引いたら何も残らないくらいその本のことばかり考えていた。人生史上、最高最大のベストを尽くした。

その結果は……10円ハゲが2つ……。

そうだ。あのとき僕は干からびたんだ！

一度干からびて、人は生まれ変わる。

このとき、結果はまったく出せず、歯ぎしりするくらい悔しかったです。

でも、本というものに徹底的に向き合ったこの時間が、のちにギフトになるとは、

夢にもこのとき思いませんでした。

いま、僕が作家として表現できるようなったのは、この体験があったからこそだと断言できます。いま、本を作らせてもらえるのが、こんなにうれしくありがたいのは、このときの体験があったからこそです。

そして、いい本を作ることが、あのとき協力してくれた上司、クリエイターさんにせめてもの報いとなるという思いです。

菅野さんも、ぼーずも書いていたように、やっぱり、人生にムダな体験などないのです。

そして、いまになって思うこと。

僕は、「世界一ふざけた夢の叶え方」を、このクリエイターさんから1年かけて、実は、見させていただいていたんです。

志を同じくする仲間とともに夢を叶えていくというそのスタイルを。
結果を出せなかったという意味では、この仕事は、最悪の結果だったと言えるでしょう。でも、

最悪のなかに、最高のギフトが隠れていたのです。

POINT!

人は
カピカピに干からびたときに、
ピカピカに生まれ変わる！

第 04 幕

夢はワープする！

そしてカッコいい大人へ——

ROAD 20

夢へワープする方法

HOW TO CATCH OUR DREAMS MOST JOKINGLY IN THE WORLD

第3幕の最後に書かせてもらいましたが、僕は、あるクリエイターさんの本を作らせてもらうのに1年かけて彼らを取材させてもらいました。

そのときの彼らの仕事の仕方が、僕の人生を変えてくれました。

彼らは世界で300万本も売れるようなゲームソフトを作るクリエイター集団でした。しかも平均年齢25歳の若さで、そのリーダーは27歳。

たとえば彼らの会議は、真夜中から始まったりするんです。で、ゲームクリエイターは男ばかりですから、真夜中に男ばかりで集まって、打ち合わせするとどうなるかというと、修学旅行の夜状態みたいになるんですね。

椅子とかでレースが始まったりするんです！（笑）。

それで、負けた人が牛丼屋に、ギター片手に、歌いながら入っていかなきゃいけなかったりする。勝った者は先に行っていて、何にも知らないふりをして、もう先に食べています。そこに、負けたやつがギターを片手に、

「ワオ！　牛丼並いっちょう！　ワオー」

とか歌いながら注文しなきゃいけないんで

す。「お冷やくれ、ベイビー」とか。

周りの仲間たちは、クククククッて笑いをこらえているわけですけど。

たとえば、宇宙が舞台のゲームだったら、せめてオーロラは見ないとと、クリエイター全員でオーロラを見に行って、それからゲームを作り始めます。

雪を舞台にしたゲームなら、本場の雪を見ようと、ヘリコプターをチャーターして、みんなでアラスカの山頂まで行き、山頂でひと遊びしてから、ゲームを作るんです。

本場の雪っていったって、色は白ですからね。アラスカまで行かなくたってゲームは作れるんです（笑）。

もちろんそこでも罰ゲームがあって、負けた人は、マイナス20度のなかに、裸で外に出されます。裸で外に出されて、何秒いられるかっていう罰ゲーム……。

そのほかにも、負けた人が額にＵＦＯを描いて、外国のホテルのロビーで、ホテルマンと打ち合わせしなきゃいけないとか……。

もう、ほんと、遊んでいるようにしか見えないんです。

そんな彼らが世界を驚かせるゲームを作り、何億と稼いでいたわけです。
平均年齢25歳でです！

しかも、彼らのなかで、もともとゲーム制作経験者じゃない人もすごく多く、コピー機の営業マンがこの会社に営業に来るうちに、「なんだ！ コイツらはおもしろい！」と入社することになったり、バンドをやっていた者だったりさまざまでした。
でも、そんなシロウトでも、現場に入っていくと、短期間でものすごく成長するんです。

そのボスであるクリエイターさんはこう言っていました。

「会社はバンドだ」
「志を同じくする仲間とやっていくバンド」

だ」

だからゲーム制作経験者っていうよりも、目を見て、同じ志をともにできるかっていうところで採用すると言っていました。

バンド意識で、仕事をしているんです。

目的を持った作品を生んで、いかに、みんなを驚かせようかってワクワクしながらゲームを作っていたんです。

27歳のそのクリエイターさんはこうも言っていました。

「僕らはワープだ。みんなのもとに、これから起こるすべての時間にワープしていきたいと僕らは考えている。だが、それには仲間が必要だ。

船で出航するにも、舵《かじ》を取る者や、見張りをする者、厨房《ちゅうぼう》をあずかる者がいるように、バンドにもドラムやギターがいるように、1つの思いを遂げるには、同じ旗の下に集まってくる仲間が必要だ」

会社を立ち上げて、何ができるのか、最初は全員不安だったと言います。だけど、目的があったから、みんな笑っていられたというのです。

「コイツらとすごいことを、楽しいことをやってやる！」と。

彼は言いました。

「明日スーパーマンになろう！

とまでは言わないけれど、晴れた日には夜の星空が楽しみになるように生きていこうよ」と。

そして、こうも言いました。

「僕は晴れた日の夜の空が楽しみだし、雨の日でも笑っていられる」と。

それは、志を同じくする仲間がいるからだと。

居酒屋なんかで仲間と盛り上がっているとき、「ヤバイ、今日の自分、おもしろい！」ってときないですか？　神がかったようなときが……。

あの感覚で彼らは仕事をしているんです。あの感覚で生きているんです。

志を同じくする仲間と、盛り上がっているときに、人はアイデアを連発します。

そのとき、自分の力を楽々超えられるんです。

その仲間は、なにも会社のなかで一緒じゃなくたっていいんです。

この本もそうですが、僕の本が共著が多いのは、このとき、ゲームクリエイターの彼らから、世界を驚かせる作品を生み出す現場を見せてもらい感動したからです。

志を同じくする仲間と刺激し合いながら何かをするって最高だって。

「個人というのは他人の無限の可能性の1つであり、他人というのは自分の無限の可能性の1つである」

（きつかわゆきお　出典「深呼吸する言葉」）

自分の力は、仲間の力だし、仲間の力は自分の力なのです。

4人集まれば、世界を変えられるんです。

そのことを証明したのがビートルズです。

じゃあアッサリ僕らは世界を変えられたのか？　って。

はい。変えられました。

自分のワールドを変えることはできました。


お釈迦《しゃか》さまの弟子にアーナンダという人がいました。

あるとき、アーナンダはお釈迦さまにこう尋ねました。

「お釈迦さま。今日私はひらめきました。私たちは聖なる道を求めているわけですが、良き友を得るということは聖なる道の半ばを手に入れたと言ってもいいのではありませんか？」

お釈迦さまは答えました。

「アーナンダよ。それは違う」

アーナンダ。まさかのダメ出しでした。

そしてお釈迦さまはこう続けたのです。

「良き友を得ることは聖なる道の半ばではなく、聖なる道のすべてを手に入れることである」

世界のホンダ、本田宗一郎さんもこう言っています。

「実を言うと、社長をやっていたときは、金儲けが財産だと思ってたけど、結局、友達こそほんとの財産だなあ」

「指導者を求めるな、友を求めよ」（魯《ろ》迅《じん》）

「自分のために使う時間は5割。友達のために使う時間は2割。まだ見ぬ友達のために使う時間が3割」（きつかわゆきお）

「空気と光と、そして友人の愛。これだけ残っていれば、気を落とすことはない」

（ゲーテ）

明日スーパーマンになろう！
とまでは言わないさ。
でも、晴れた日には星空が楽しみになるように生きていこうよ。
志を同じくする仲間とさ。

POINT!

究極の財産、それは、良き仲間である。

出典「深呼吸する言葉」

Commented by 菅野

と、ひすいさんはカッコイイこと言ってますが、１００万部突破したあたりから、メールの返信も全然くれなくなったよね……。売れっ子気取る前に、貸してた1万円早く返してください！（笑）

ROAD 21

自分を許せるようになると人を許せる

HOW TO CATCH OUR DREAMS MOST JOKINGLY IN THE WORLD

このメンバーで「世界一ふざけた夢の叶え方」を伝える合宿を一度したことがあります。

「仲間と、遊ぶように一緒に仕事ができるって最高じゃない？」

これが僕らの合い言葉なわけですが、まさにこの合宿はそうでした。

僕らの夢を叶えた方法を体験していただく合宿。

「世界一ふざけた夢の叶え方・温泉合宿編」

わずか2時間でソールドアウトになりました。

東京駅朝8時半集合でみんなでバスに乗り、群馬の温泉へ向かう。
しかし……、主役の菅野さんが来ないんです。
ぼーずが、菅野さんに電話してみました。
「いま、どこですか？」
「えっ？　いま？」。なんと、菅野さんは寝ぼけておりました。
「いま起きた」とのこと。「この電話で起きた」とのこと。
マジで？
沖縄から来てくれているお客さんだっているのに主役の菅野さんが来ない！
どうすんの？

すると菅野さんが電話でひと言。

「おもしろくなってきましたね」

なってないから！

「とにかく大至急、電車で群馬に向かってください」

その5時間後、ようやくバーベキュー会場の最寄駅で菅野さんは合流できました。

　バスに乗ってきた菅野さん、参加者へのお詫びの言葉がこれです！

「こういうときって、とかく人はあわてたり、自分を責めたりするものですが、みなさん、大丈夫です。そんな必要いっさいないですからね〜」

それ、菅野さんが言うセリフじゃないから！

でも、菅野さんのこのひと言に参加者たちも大爆笑で一気に空気が明るくなりました。

　菅野さんはお酒を飲むとついつい飲まれてしまって、話は下ネタ中心になるし、翌日は二日酔いで頭

がガンガン。かつてはそんな自分がとてもイヤで自己嫌悪に陥っていたそうです。

でも、それも自分。あるときそんな自分を許してあげたのだそうです。

すると、自分を許した分だけ人を許せるようになってきたのだとか。


部下の仕事のミスを許せるようになり、ときには、部下がこのままいくと失敗するとわかっていてもあえて口出しせず、自分で考える力をつけさせるなんてこともできるようになったそうです。

自分を許せるようになったとき、人を許せるようになった。

菅野さんが「自営業」から脱し、「経営者」として成長できた瞬間です。

その結果、人も育ち、仕事を人に任せられるようになり37歳の時点で、菅野さんは8社のオーナーとなることができました。

自分を責めがちな方は、とくに自分を許してあげることが大切ですからね。


菅野さんは以前、「出版社を立ち上げたいんだけど、ひすいさんどう思う？」と、相談してくれたことがありました。

シロウトが出版社をやるのはいかに難しいことなのかを僕は10円ハゲで身をもって

体験していたので切々と彼に伝えました。

なぜなら、途中からどんなに僕が反対しても、彼はやるんだろうなとわかったからです。どうせやるなら、あえて、ここは厳しい一面をすべて伝えておこうと思ったんです。

いかに難しいか、たっぷり伝えたあと、彼はこう言いました。

「よし、やってみようか」

やっぱり！（笑）

そうして、彼は出版社を立ち上げました。結果は、挫折というかたちになってしまったのですが、彼は「やってみたい」って自分の素直な気持ちをとても大切にするんです。


できる、できない、じゃないんです。

難しいか、そうでないかも彼にはあまり関係ない。

やりたいか、やりたくないのか、そこを大事にするんです。

すると、どうなるかというと、彼の挑戦はたいてい失敗に終わります。

下手したら、10戦10敗ってときだってある。

ROAD 21
自分を許せるようになると人を許せる
by ひすいこたろう

でも11戦目で大勝するんです。

10敗できるやつが大勝できるんです。

できる、できないなんて捨てちゃって、

「やってみたい」

その素直な気持ちに寄り添い切る。

それが後悔のない人生じゃないでしょうか。

僕が菅野さんを見て学んだことです。


いまやセミリタイヤして、シンガポール暮らしの菅野さん。

「菅野さんって英語なんか絶対できるタイプじゃないでしょ？　シンガポール暮らしは大丈夫なの？」

「うん。全然、大丈夫。英語が話せないことになれたから」

「英語になれるんじゃなくて、話せないことになれたんだ!?」

「うん。それにね、英語は子どもが話せるようになるだろうから、子どもに任せようと思って」

「菅野さんのお得意な他力本願だね」

「そう、そう。先日、3歳の息子を抱っこしようとしたら、『ドンタッチ（触るな）』って言われたからね（笑）。『ノーサンキュー』とか言うし。もう、英語は、この子に任せようと思って」

「でも、小学校5年生の息子さんのほうは大丈夫？」

「ちょっと前までは、日本人学校に通ってたから問題なかった。でも、インターナショナルスクールにしてから、そこは日本人がまったくいないらしくて」

「えっ!?　大変じゃん？」

「話せないけど、大丈夫みたい。『パパ、今度のクラスは日本人がまったくいないんだ。おもしろくなってきたよ』って息子は言ってたからね」


POINT!


やってみたいことは全部やる！

結果はどうなろうが、「おもしろくなってきたぜ！」です。

ROAD 22

「ツイてる！」という口癖から人生の快進撃は始まる

HOW TO CATCH OUR DREAMS MOST JOKINGLY IN THE WORLD

これを実践してから一気に人生が変わった、というものがあります。
ネガティブからプラス思考に変わることができました。
僕からは、ぜひこれを最後に、あなたにプレゼントしたいなと思って書きます。

ツイてないときに「ツイてる」というのを口癖にする。

これだけです。僕は、「ツイてる」を口癖にして3ヵ月で自分でも、ビックリするくらいプラス思考になれました。

たとえば、道で転んで膝《ひざ》を擦りむいたときに……「ツイてる！」。

骨折しなくてよかったな〜と。

ダッシュしたのにバスに乗り遅れたときも……「ツイてる！」。

朝からいい運動ができちゃったな〜。

バカっぽいですが、ツイてないときに「ツイてる！」という言葉を発すると、脳が「何がツイているのか？」って探し始めるんです。これを3ヵ月実践すれば、新車をガリガリとこすってしまっても……。

「ツイてる！」

こすったくらいでよかったな〜これが大事故だったら大変だったな〜と思えるんです。さすがに車をこすったときは、横に座っている友人に、「菅野さん、『ツイてる！』という言葉とは裏腹に、顔がひきつってますよ」と笑われましたが、それでいいんです（笑）。

ROAD 22
「ツイてる！」という口癖から人生の快進撃は始まる

by 菅野一勢

ちなみに発明王、エジソンの研究所が火事になったときに、エジソンはこう言ったそうです。

「こんな大きな火事にお目にかかる機会はめったにないから、じっくりと見ておくがいい」

そして、「これで新しい研究所ができる」とも。

「困るということは、次の新しい世界を発見する扉である」

そうエジソンは言っています。

何が起きようが、「ツイてる！」。こうなったら人生勝ちです。

だって、全然儲らず、体力的にもボロボロになって辞めた探偵の仕事が、僕を億長者に導いてくれたんです。ひすいさんが、心の世界の本を書けるようになったのだって、もとは奥さんと仲が悪くて、どうすれば仲良くなれるんだろうかって心理学を学びに行ったのがきっかけです。そして、そこで、僕らは出会ったわけですし。

起きた出来事の意味をどう変えるかは、僕ら次第なんです。

まず「ツイてる！」と思い、そこから行動すれば、困ったことだって、ほんとうに「ツイてる」現実に変えられるのです。

「ツイてる！」

この言葉の力を身につけてから、僕は事業で失敗しても、「ツイてる！　いい経験しちゃったな」と思えるようになり、結果、何度でもトライすることができるようになりました。

ちなみに僕のビジネス戦歴を調べてみたら、32戦15勝17敗でした。これはまぎれもなく失敗を経験と思い、一歩前進とし、プラス思考でチャレンジし続けてきたからです。

僕はこれで人生が３６０度変わったので、ぜひお試しください！

ちなみに困ったときにツイてると10年言い続けると……。

ROAD 22
「ツイてる！」という口癖から人生の快進撃は始まる

by 菅野一勢

ウーロン茶を部屋に巻き散らかしても、「ツイてる！　これがオレンジジュースだったらベタついて大変だったな」。熊本行きの飛行機を乗り過ごしても、「ツイてる！　これがアメリカ行きだったら大変だった。よし次の便に乗って行こう！」というように、もはや、人生に困ったことは起きなくなるのです（笑）。

僕自身もビジネスの新規事業では17回失敗しています。でも、どんなときも失敗をプラスに捉えて、前を向いてチャレンジし続けてきました。だからこそ、今があると胸を張って言えます。

できる、できないじゃない。やるか、やらないかすら越えろ。

ほんとうにやりたいことならば、やるか、するか、どっちかです（笑）。

ＹＯＵなら余裕でしょ？

POINT!

困ったときに「ツイてる！」と言えたら怖いものなし！
「ツイてる！」を口癖にしよう。

ROAD 23

人は「自分と同じもの」を引き寄せる

HOW TO CATCH OUR DREAMS MOST JOKINGLY IN THE WORLD

ひすいパートはこれが最後になります。ここまで読んでくれてありがとう！

いま僕が何を願っているかというと、この本が映画化されないかな～。なーんて（笑）。

僕の中では配役も勝手に決めています。菅野一勢役＝山田孝之。ぼーず役＝ぼーず自ら出演。ひすいこたろう役＝キアヌ・リーブス（笑）。

と、ラストジョークを伝えたところで最後にあなたにお伝えしたいことを書きます。


「このノートに夢を描いて、みんなで『お前ならできる！』と言い合おう」

菅野さんが居酒屋で、そう言ったのは２００４年。

そして、みんな現実離れした夢をノートに書き合いました。

絵も下手くそで小学生の絵日記みたいでした。

ROAD 23
人は「自分と同じもの」を引き寄せる
by ひすいこたろう

でも、それが１００％、全員、叶ったんです。

「現実を見ろ！」ってよく言われます。

でも現実って何なんでしょう？

僕らの「現実」は、普通に会社員だったし、菅野さんに至っては、フリーターのような状態でした。

「どうしたいのか？　どう生きたいのか？」

それこそが現実なんだ。

そう僕らは実感しました。

僕ら3人に特別な才能があったわけじゃないんです。

特別なことは1つしかなかった。

それは……「思い」

「思い」だけは凡人ではなかった。「思い」だけは、スペシャルにあった。

ワクワクして生きたいという「思い」。

自分の本心に素直に、思いきり生きたいという強い「思い」が僕らにはあったんです。

そして、その「思い」が、同じ「思い」を持つ仲間を引き寄せたんです。

『ザ・シフト』（島津公美 訳／ダイヤモンド社）のなかで、著者のウエイン・W・ダイアー博士はこう書いています。

「人は〝欲しいもの〟を引き寄せるのではなく、〝自分と同じもの〟を引き寄せる」

ROAD 23
人は「自分と同じもの」を引き寄せる
by ひすいこたろう

「思い」を持つのに、才能なんていらないんです。
才能は「思い」のあとに全部あとからついてくる。
「思い」さえあれば、ドラマは始まります。
では聞きます。
なんの制限もないとしたら、あなたはどう生きたいですか？
ほんとはどうしたいと思ってる？　何をしたい？
あなたはどんなときが幸せ？
どんな日常を過ごしたい？

じゃあ、そう生きるって、いま、決めちゃえばいいんです。
そう生きるんだって「思い」を持つことから出会いは始まるから。
あとはそこに向かって毎日1ミリずつ近づいていけばいいんです。
仲間とともに。　１ミリの前進に１００％の愛をこめて。
僕らにできて君にできない理由など何もない。

自分の可能性をなめんなよ！

いま、僕には見えます。
君の光り輝く未来が。
君が君であることにおめでとう！
Get the Dream!
With your friends.

POINT!

ホントはどうしたい？
それこそが現実だ。

ROAD 23
人は「自分と同じもの」を引き寄せる
by ひすいこたろう

ROAD 24

幸せは日常のなかにある！

HOW TO CATCH OUR DREAMS MOST JOKINGLY IN THE WORLD

「夢は逃げない、逃げるのはいつも自分だ」（高橋歩）

「いい波がくればサーフィンに行けばいい。仕事はいつでもできるが、いい波は二度とこないのだから」（イヴォン・シュイナード）

「オレたちならできる！」（ひすいこたろう・菅野一勢・柳田厚志）

ある人は「どうせムリ」と言いました。
ある人は「いいかげん大人になれよ」と言いました。
ある人はそれを「いいんじゃない」とあきれ顔で言いました。

彼らは例外なく、夢をあきらめた人でした。


夢を見るのはタダです。

夢を語るのもタダです。

夢の実現を信じるのもタダです。

夢が実現しなくても、ペナルティーがあるわけではありません。

なのになぜ、僕らは、いつしか、夢を語らなくなったのでしょう。

実現可能そうな小さなものしか描かなくなったのでしょう。


僕は生き方にこだわりたかったんです。

ただ漠然と、「みんながやるから」という理由で就職活動をするのがイヤだった。

何のために、働くのか、なぜ、そこで働きたいのか、それが重要でした。

その意味が欲しかった。

残念ながら、僕自身は、モラトリアムと言われた学生時代に、「このために、ここで働きたい!!」というものが見つからなかった。

ROAD 24
幸せは日常のなかにある！
by 柳田厚志

だから、就職活動を一度もしませんでした。国立の4年生大学に行き、周りは99％就職していくなかで、ただの一度も就職説明会に行きませんでした。

スーツを持っていなかったからです（笑）。

でも、一番の理由は、「何のために」「なぜ」が見いだせなかったからです。

そんなとき、在学中にラフティングのプロガイドという仕事を知り、強烈に惹かれました。

本場オーストラリアで活躍する日本人の記事を見て、「オレもこうなる！」と決めて、いっさい就職活動をやめて、バイトしてお金をためて、卒業後すぐにオーストラリアに行きました。結局そこで、いっさいラフティングをしないで、サーフィンに出会ってしまったのですが……（笑）。

でも結局、サーフィンを中心としたライフスタイルが、僕の人生を変えました。

「何のために働くか」
「ほんとうにやりたいことは何か」

おそらくいまの日本の若い人の99％が一度は悩み、考える問題です。

僕を含めて、大人たちはそれに対する明確な回答を出せないでいますが、僕が思う、それに対する1つの回答になりうるのが、

「ライフスタイル」で考えるというものです。

日本では、ビジネスで成功した人がビジネスのことを語ることはよくあります。ある分野のプロが、その分野について語るのも許されます。でも、おそらく一番大事なライフスタイルについては、ステレオタイプなものしか示すことができていないと思うのです。

ROAD 24
幸せは日常のなかにある！

by 柳田厚志

つまり、いい学校に入り、いい会社に就職し（あるいは起業し）、定年まで働き、老後のお金を積み立て……。

多種多様な生き方や働き方、自由なライフスタイルそのものを示す人は、圧倒的に少ないと思います。

でも、もしあなたが僕と同じように、何をしたいのか、どんな仕事をするかで悩んでいるなら、もっともっと大きな視野で、５年後、10年後にどんなライフスタイルを送りたいかを自由に想像してほしいのです。

数年後の大きな夢やビジョンを書き、それに向けて「プロセスは神様に任せる」というスタンスです。

もうほんと、シンプルにこれだけです。

でも、それもすべて、大きなビジョンや夢というものを描いているからです。大きなビジョンや夢といっても、そんなものすごいことではありません。

大事にしているのは「日常」です。

どんなに歳をとっても、
どんなに偉くなっても、
どんなにお金を稼いでも、
どんなにやりたいことがあっても、
どんなに買いたいものがあっても、
どんなに達成したいことがあっても、
1日は24時間。
1年は365日。

朝起きて寝るまでの生活に、それほどのドラマはないわけです。

だからこそ、大事なのは「日常」なのです。
だからこそ、大きなビジョンや夢といっても、3年後、5年後、10年後の日常をしっかり描いている必要があると僕は思うのです。
幸せは日常のなかにしかないのですから……。

ROAD 24
幸せは日常のなかにある！
by 柳田厚志

僕が菅野さんやひすいさんと一緒に、10年前に描いていたのは、

「海の近くの最高に波がいい場所。愛する家族と暮らし、毎日サーフィン三昧の生活をしながら、仕事をする」

という絵でした（めちゃくちゃ下手な絵でしたが……）。でもこのなかには、日常が内包されています。

突き詰めれば、幸せや喜びを感じるために私たちは生きているし、だからこそ、夢や目標を持って取り組むわけですが、

〃日常の幸せがなければ、幸せではない〃

そう思うのです。

多くの目標は、「○○する！」「○○を買う」「○○達成」といった、ゴールばかり。

でも、そういうゴールは一過性で、喜びも幸せもまた一過性で消えてしまいます。

もちろんそういう目標は重要ですが、幸せというのは感じるものである以上、長く

幸せを感じるには、やはり日常生活が幸せであってこそです。

だからこそ、毎日の生活のなかで小さな幸せを感じることのほうが、よほど重要です。

僕がサーフィン三昧の生活がしたいというのは、日常なんです。

わかりやすく言えば、「年に2回くらい休暇を取って海外に行ってサーフィンしたい」ではないのです。

毎日やる。

空気を吸って、食事をして、寝るがごとく、普通にサーフィンする。

しかも、大好きな町で。

日常の幸せというのは、ほんとうにシンプルなことだらけですが、でも、そのなかで幸せを感じることが、大きな夢の実現への活力です。

ROAD 24
幸せは日常のなかにある！

by 柳田厚志

〝毎日の生活のなかに幸せを見つける〟

これこそ最強の成功法則ではないかと思います。

だから若い人には言いたいのです。

〝やりたいことがわからなくてもいい、漠然とでもいい。とにかく、自分が最高だなと思えるライフスタイルを描こう！〟

幸せを感じることができる日常を想い描こう。

そのための経験だったら何でもしよう。そして描いたら、あとは神様に任せよう。心配すんな、仕事には呼ばれるから。

僕らは1年でできることを過大評価し、10年でできることを過小評価します。

僕らの夢だって、10年前は大笑いされた夢です。

きっといまは荒唐《こうとう》無稽《むけい》に見える夢も、10年あれば、叶っていることでしょう。

あなたも、できるだけ制限を取っ払って、自由な長期の夢を描いてください。
間違いなく、叶いますから！

POINT!

自分が最高だなと思えるライフスタイルを、誰にも遠慮せずに描こう！

LAST ROAD

世界一カッコいい大人になろう!!

HOW TO CATCH OUR DREAMS MOST JOKINGLY IN THE WORLD

「世界一ふざけた夢の叶え方のツアーしない？」

突然、菅野さんが言い出しました。

「そんなふざけたツアーに来ますかね～。でも、楽しそうっすね～」

「大丈夫でしょ、ひすいさんにみんな会いたいはずだから。やっちゃおう、やっちゃおう」

「じゃあ、みんなでバスチャーターして、バスのなかで自己紹介しながら神社とか回って、ラフティングやって、温泉行って、旅館で夢を描き合って、『お前ならできる！』と言い合えたら最高っすね」

「よしやろう！」

中学生みたいなふざけたノリで開催が決まりました。

２０１３年の夏。僕らはバスをチャーターして出発しました。

みんなで夢を語り合って、絵を描き合って、そして、

「お前ならできる！」

全員で書き合いました。

その夢がどうなったかって？

その答えは、僕らのトークライブに来てくれた方に教えます（笑）。

実際にこのツアーは、最高に楽しくて、いまでもみんなで同窓会的に集まってはワイワイやっています。
僕らが10年前に何者でもなかった時代から、こうして夢を叶えてきたそのステップを超凝縮してお伝えすることにニーズがあるなんて思いもよりませんでした。

でも、やっぱり夢は叶います。
叶ったから言えるのではなく、
語ったから叶ったのです。
描いたから叶ったのです。

「僕らの夢の叶え方って、セミナーもやって、教材でも販売して、ツアーまでやりましたね。次はやっぱり、本じゃないですかね？」
「いいね、それやろう！」

じゃあ、夢、書いておきますね。

「僕らの本を出す！」

その結果生まれたのが本書です。アッサリ叶ってしまいました。しかも僕の古巣の出版社からって、すっごく粋でしょう（笑）。

あ、そういえば、この夢には続きがあったんです。それは……、

「10万部突破！」

大丈夫、きっと叶うでしょ。あなたが9万部買ってくれたなら（笑）。

「ついでに、本のあとに、全国横断トークライブやりましょう！」

「いいね、やろうやろう」

LAST ROAD
世界一カッコいい大人になろう!!
by 柳田厚志

じゃあ、夢、書いておきますね。

「本が売れて、全国横断トークライブをする！」

大丈夫、きっと叶うでしょ。あなたが主催して呼んでくれたなら（笑）。
いや、冗談抜きで、お客さんを集めてくれたら僕らは、沖縄でも北海道でもハワイでもオーストラリアでもロシアでも行きますよ～（叶うといいのでここに書いておきましょう）。

僕らの世界一ふざけた夢の叶え方は、とてもシンプル。だけどパワフル。
やった人から人生が変わります。

夢って……。
叶うんですよ。
ワクワクする夢なら。

そして何と言っても、大事なのが仲間の存在です。
単なる仲間ではありません。

「お前ならできる！」

何げに僕は、これがマスターキーだと思うのです。
僕らがこの言葉に、どれだけ勇気づけられたか。
「そんなのムリ」ではなく、「お前ならできる！」と言ってくれる仲間が周りにいる

かどうか。あなたがこの言葉を、仲間に心から言えるかどうか。それが鍵です。だって、仲間に言えるってことは、自分に言ってるのと同じことだから。

「オレ（わたし）ならできる」

この鍵をどうか忘れないでください。

でもでもでもでも……、

この本を通じて僕ら3人がほんとうに言いたかったこと。
それは、僕らの自慢をしたかったわけじゃないんです。
僕らの自伝を書きたかったわけでもないんです。
世界一ふざけた夢の叶え方を伝えたかったことですらないんです。

ほんとうに伝えたかったことは……、

LAST ROAD
世界一カッコいい大人になろう!!

by 柳田厚志

大人になるって最高だよ!!

そういうことです。

こんなに自由に、楽しく、ふざけながら夢を叶えている大人が、日本にはいるんだよって伝えたいんです。背中を見せたいんです。

年齢なんて関係なし。若くっても若くなくても、気持ちが若い人に、そう伝えたいんです。

その気持ちだけが、この本を書かせてくれました。

僕らが若かった頃と同じように、豊かすぎる日本で、今後の生き方が見いだせない人に向けて、こんなふうに生きてるバカな大人がいるんだよってことを伝えたいんです。

そして、「私にもできる！」って思ってもらいたいんです。

自分に「こんなに自由に生きていいんだ！」と許可を出してもらいたいんです。

僕らが、高橋歩さんや斎藤一人さんに勇気をもらったように、僕らの本をきっかけにして、自分の眠れる力に目覚め、夢をあきらめないで追求する人が１人でも多く生まれることを願っています。

次は僕らが、若い人たちに、自分たちの背中で、このライフスタイルを見せることで、

「あんなんでいいんだ」

と思っていただくことが、これから10年の僕らが描いている生き方です。

夢は叶います。
あなたならできます。

そしていつか、トークライブでお会いしましょう！

そのとき、僕ら3人であなたの瞳を見て、肩をパンパンたたいて、こう言いますから……。

LAST ROAD

世界一カッコいい大人になろう!!

by 柳田厚志

「お前ならできる!!」

ひすいこたろう・菅野一勢・柳田厚志

「世界一ふざけた夢の叶え方」7ステップ

STEP 1

お風呂のなかで、「ツイてる！」と連呼する。最低1日10回以上。
その際、くれぐれも恋人には聞かれないように注意。
困ったことが起きたときも、「ツイてる」とつぶやこう。

STEP 2

地下にある居酒屋（通称、地下室）を予約し、志を同じくする仲間3～4人で夢を語り合う。仲間がいない場合は、サークルやセミナーなど、同じ思いを持つ人が集まる場に参加し、キラキラした人に声をかける。

STEP 3

その仲間たちで、ワクワクする場所へ冒険の旅に出て絆を深める。

STEP 4

絆が深まったあたりで、紙に夢を描き合う。
夢は言葉と絵で表現し発表。仲間の夢を励ますときは、優しく相手の目を見て、

STEP 5

肩をポンポンとたたきながら、「お前ならできる！」と言い合い、紙に書き合う。
その際に、仲間の夢実現のために、自分ができることを（どんな小さなことでもＯＫ）伝え合い応援する。

その後も毎月1回、定例会を続け、進捗状況や抱えている悩みをシェアし合う。
ただしあまり、堅苦しくならないように楽しく会う。定例会は下ネタもＯＫ（菅野担当）。

STEP 6

あとはアクション！　アクション！　アクション！　行動あるのみ。

STEP 7

それでも夢が叶わなかったら？
「はははははははは」と笑ってごまかし、もう一度挑む。

おまけ

おまけ。
自分の夢だけ叶わなかった場合の言い訳。「オレの運をすべてお前らに捧げたからね。君たちはツイてるね」（一時期ぼーずが使用）

［ひすいより］

次はここでお会いしましょう。
あなたのメールアドレスを登録すると、無料で名言セラピーが配信されます。
ひすいこたろう「3秒でHappy? 名言セラピー」
http://www.mag2.com/m/0000145862.html
登録してね（「まぐまぐ」「名言セラピー」で検索）。

本の感想やファンメール、寝ずにお待ちしています（笑）。
ひすいこたろう　hisuikotaro@hotmail.co.jp

［菅野より］

菅野です。こんなところまで目を通してもらって感謝です。せっかくなので、僕からプレゼントを1つ！

「日本人の幸せ指数を世界一に！」という夢を掲げてぼーずとともに始めたTERAKOYA。5年前にここで開催した菅野セミナーの音声ファイルを、無料でダウンロードできるように復活させました。ぜひ聞いてみてね！

http://trky.jp/voice/sugano/

そして、せっかくのご縁だからFacebookでつながっておこうね！

「3人の本読んだよー！　最高でした！」っていうあなたのからの友達申請メッセージ待ってます！

https://www.facebook.com/issei.sugano

［ぼーずより］

僕は本当に、出逢う人に恵まれています。本書の大切な読者であるあなたとも、ぜひこれからつながっていければうれしいです。

下記にアクセスいただくと、僕が尊敬する生き方が最高にカッコいい大人たちにインタビューした「ヒーローインタビュー」が無料で聴けます。本書の締めにぜひどうぞ！（ひすいさん、菅野さんのインタビューもありますよ♪）

http://yanagida-atsushi.com/

ひすいこたろう

作家、天才コピーライター。

新潟県出身。日本メンタルヘルス協会の衛藤信之氏から心理学を学び心理カウンセラー資格を取得。『3秒でハッピーになる名言セラピー』がディスカヴァーMESSAGE BOOK大賞で特別賞を受賞しシリーズで60万部を超えるベストセラーに。ほかにも『あした死ぬかもよ?』『名言セラピー幕末スペシャル The Revolution!』(ディスカヴァー・トゥエンティワン)、『心にズドン!と響く「運命」の言葉』(王様文庫)、『HUG! friends』(小学館)など多数のベストセラーを手がけている。

インターネットにて、3万人以上が読む「3秒でHappy?名言セラピー」を無料配信中。

URL __ http://www.mag2.com/m/0000145862.html(まぐまぐ　名言セラピーで検索)

菅野一勢(すがの　いっせい)

情報起業(インフォビジネス)のパイオニア。2003年の暮れ、メールもできない状態からネットビジネスに参入。そこから1年ちょっとで1億円を売り上げブレイク。その後、ネットコンサル業を開始。実践を元に培ったネットマーケティングの知識を活かし、年商1億円超えのクライアントを続出させる。2006年、インフォトップを立ち上げて、わずか半年で業界でダントツのトップのシェアを取る等、数々の伝説を作りあげる。現在は10社以上のオーナーとして、シンガポールへ移住し、子育てセミリタイヤを満喫している。

著書に『「他力本願」で金持ちになる人「自力本願」で貧乏になる人』(KKロングセラーズ)、『時給800円のフリーターが207日で1億2047万円稼いだいちばん簡単な方法』(イースト・プレス)などがある。

URL __ https://www.facebook.com/issei.sugano

柳田厚志(やなぎだ　あつし)

ビジネスプロデューサー。フリーサーファー。株式会社チアーズ代表取締役。

モットーは"毎日サーフィンしながら自由に働き、おもろいビジネスで社会を変える!"

大学卒業後、単身オーストラリアに渡り、仕事ではなくサーフィンにはまる。「好きな時にサーフィンができるライフスタイルを絶対に確立する」と誓い帰国。帰国後「2年だけ働きます」と英会話スクールのベンチャーに入り2年間トップセールス。笑顔だけで無理矢理転職した出版社では、セミナーやコンテンツ事業を数々成功させ、一番の下っ端から部長に。ネットやコピーライティングを活かし、セミナー・教材部門の売り上げを入社時の10倍以上にして独立。

同時に拠点を湘南に移動。プロデュース会社のチアーズの代表として自由なスタイルで仕事をしながら、各界のプロフェッショナルをプロデュースし、オンラインスクールやセミナーという形で世の中に紹介。参加者の【人生が変わるきっかけ】となる伝説的プロジェクトを数多く手がけ大成功に導き、億を超える収益を生み出すその手腕に、プロデュースを希望する講師は後を絶たない。

また、プロジェクトの企画から最後のサポートまで綿密に設計し、セールス、クオリティー・顧客満足、そしてユニークさのすべてを最高レベルで実現させる名プロデューサーとして、著者や講師だけでなくお客様にもファンが多い。

最近では、菅野一勢氏と始めた『大富豪プロジェクト』のプロデューサーとして、世界で活躍する日本人の智慧を多くの仲間に届けている。

URL __ http://yanagida-atsushi.com/

世界一ふざけた夢の叶え方

2014年8月24日　初版発行

著　者　ひすいこたろう／菅野一勢／柳田厚志
発行者　太田宏
発行所　フォレスト出版株式会社
〒162-0824 東京都新宿区揚場町2-18　白宝ビル5F
電話　03-5229-5750（営業）
03-5229-5757（編集）
URL　http://www.forestpub.co.jp

デザイン　中村勝紀（TOKYO LAND）
イラスト　得地直美
DTP　野中賢（システムタンク）
カバー写真　Andrew Rich（getty images）
印刷・製本　中央精版印刷株式会社

ISBN978-4-89451-631-1 Printed in Japan

Present!

読者限定無料プレゼント

「世界一ふざけた夢かなツアー」での 3人のトークライブ音声

（音声ファイル）

最後までお読みいただきありがとうございます。

ここまでお付き合いいただいたあなたに、
ひすいこたろう、菅野一勢、柳田厚志の3人から、
とっておきのプレゼントがあります！

2013年の夏に主催した、『世界一ふざけた夢の叶え方 ～温泉バスツアー～』で、
3人が行った、ミニトークライブの音声を無料で差し上げます。
これまで有料で販売していた音声です。ぜひお受け取りください!!

ひすいこたろう『Go Dream!』

菅野一勢『菅野一勢の道は開ける』

柳田厚志『10年後の自分へ』

そして次は、トークライブ会場でお逢いしましょう!!

ダウンロードはこちら

⇒ http://www.forestpub.co.jp/fuzaketa/

［無料音声の入手方法］ フォレスト出版 検索

手順❶ ヤフー、グーグルなどの検索エンジンで「フォレスト出版」と検索

手順❷ フォレスト出版のホームページを開き、URLの後ろに「fuzaketa」と半角で入力

※音声ファイルはサイト上で公開するものであり、CD、DVDなどをお送りするものではありません。